अखंड भारत की पहचान

AF105857

भाग २

केवल कृष्ण वर्मा

BlueRose ONE .com
Stories Matter
NewDelhi • London

BLUEROSE PUBLISHERS
India | U.K.

Copyright © Kewal Krishan Verma 2025

All rights reserved by author. No part of this publication may be reproduced, stored in a retrieval system or transmitted in any form or by any means, electronic, mechanical, photocopying, recording or otherwise, without the prior permission of the author. Although every precaution has been taken to verify the accuracy of the information contained herein, the publisher assumes no responsibility for any errors or omissions. No liability is assumed for damages that may result from the use of information contained within.

BlueRose Publishers takes no responsibility for any damages, losses, or liabilities that may arise from the use or misuse of the information, products, or services provided in this publication.

For permissions requests or inquiries regarding this publication,
please contact:

BLUEROSE PUBLISHERS
www.BlueRoseONE.com
info@bluerosepublishers.com
+91 8882 898 898
+4407342408967

ISBN: 978-93-6783-991-1

Cover design: Daksh
Typesetting: Tanya Raj Upadhyay

First Edition: April 2025

केवल कृष्ण वर्मा

ॐ भारतीय जन विकास पार्टी 🙏

(धरती) भारत की आज़ादी से पूर्व का इतिहास खोलकर पढ़ने की चेष्टा तो करें। हमारे भारत की धरती की मिट्टी बहुत ही सुगंधित थी। इस धरती पर जब कभी ज़ुल्म होने लगे, तो हमारे देवी देवताओं ने राक्षस प्रवृति का अंत करने के लिए जन्म लिया। राक्षस प्रवृति का अंत होने तक हमारी पवित्र धरती खून से लाल होती रही। आज भी हमारे देवी देवता कहीं गए नहीं हैं वे हमारे भारत की पवित्र धरती पर विचरण करते रहते हैं। किसी न किसी रूप में अदृश्य रहकर भी हमारे लिए बहुत कुछ कर जाते हैं, जिसका एहसास हमें नहीं होता। श्री गीता जी के अध्याय पढ़िए, बहुत कुछ मिलेगा। वे अदृश्य शक्तियां भी हमें मिलेंगी, जो इस संसार को रचने वाले प्रभु नारायण ने श्री कृष्ण अवतार लेकर अर्जुन को दी। महाभारत काल में कौरवों और पांडवों के युद्ध का संपूर्ण वर्णन श्री गीता जी के 18 अध्यायों में है। लेकिन हमें तो श्री रामायण, श्री गीता जी के अध्याय पढ़ने के लिए समय ही नहीं मिलता। हम धन संग्रह में लगे रहते हैं। अपने बच्चों को बड़े बड़े मॉलों में ले जाकर हाथों में मोबाइल पकड़ा कर अपना कर्तव्य पूरा कर लेते हैं। अपने बच्चों को मॉलों में ले जा सकते हैं, विदेशों में जाकर अश्लीलता की सभी हदें पार करते हुए देख सकते हैं, लेकिन अपने बच्चों को भारत में रहकर अच्छी शिक्षा नहीं दे सकते। अच्छे संस्कार नहीं दे सकते। श्री रामायण, श्री गीता जी में लिखे श्लोक, अध्याय पढ़ने को नहीं दे सकते। घर में बैठे बूढ़े माता पिता को उनके चरणों में झुककर प्रणाम करना भी नहीं सिखा सकते। बच्चों को तो छोड़िए, आज युवा पीढ़ी के बच्चे अपने माता पिता को वृद्धाश्रम में छोड़कर आने की सोच तो रखते हैं, लेकिन कभी अपने माता पिता के पास बैठकर उनके अंतर्मन के दुख दर्द को सुनने का साहस नहीं जुटा पाते। आज हमारे देश में विदेशी संस्कारों को ही महत्व दिया जा रहा है। विवाह योग्य उम्र निकलने पर विवाह की सोचते हैं, और जब विवाह हो जाता है तो विवाह संबंध विच्छेद में समय नहीं लगता। अदालतें भी संबंध विच्छेद के मुकदमे से भरी पड़ी

रहती हैं। यह सब इसलिए हो रहा है, क्योंकि हम अपने बच्चों को बचपन में अपने सनातन संस्कृति और संस्कारों से परिचित नहीं कराते। राष्ट्र निर्माण की सोचने की बजाए मुफ्त में सुविधाएँ पाने के लिए उतावले रहते हैं। जबकि हम सभी को इतना ज्ञान तो होगा ही, कि यह नश्वर शरीर एक दिन हमारी कमाई हुई दौलत को यहीं छोड़कर मृत्यु लोक में चला जाएगा। जन्म लिया है तो मरना भी पड़ेगा। हमारे कर्मों का लेखा जोखा हमारे परमपिता के दरबार में जमा हो रहा है। हमारे देश में आने वाली पीढ़ियों का भविष्य सुरक्षित करने के लिए भी सोचना है। लेकिन यह कैसे होगा? जब हम अंधकार में खोए रहेंगे। चंद सुविधाओं को पाने के लिए भारत के संविधान का दुरुपयोग करने वाले, देशद्रोही, अत्याचारी नेताओं का साथ देते रहेंगे तो हम और हमारे बच्चे कभी सुरक्षित नहीं रह पाएंगे। हमारी वृद्ध ऑंखों के सामने हमारे बच्चे लव जेहाद के चक्कर में फँसते नज़र आएँगे और हम कुछ कर ही नहीं पाएंगे। हम न तो संन्यासी बन सके और न ही कर्मयोगी बन सके। श्री गीता जी पुस्तक में जो लिखा है, वह ग़लत नहीं है। ग़लत तो हम स्वयं हैं। भगवान कहते हैं कि जब जब धर्म की हानि होती है तो मैं जन्म लेता हूँ। आज हमारे भारत की धरती पर देवतुल्य आत्माओं ने किसी न किसी रूप में जन्म लिया हुआ है। उनमें हमारे देश के प्रिय प्रधानमंत्री नरेंद्र मोदीजी भी हैं। जिनके अदम्य साहस की बदौलत विश्वभर के नेता नतमस्तक होते हैं। यह प्रभु का दिया वरदान, चमत्कार नहीं तो क्या है? लेकिन हम और हमारे ही देश में इंडिया गठबंधन के नेता नहीं समझते, नहीं जानते। लोकतंत्र में हमारी वोट ही उनका सहारा है, लेकिन हम उनके कुशल नेतृत्व में वोट न देकर उनका हृदय घायल कर देते हैं। इसलिए हमें उनका सहयोगी बनना ही होगा। हमें भी तो अपने कर्मों का भुगतान तो करना ही है तो क्यों न हम अपने राष्ट्र हित को प्रमुखता दें, जिस हिन्दू राष्ट्र की स्थापना हमारे देवी देवताओं ने की। हमें राष्ट्र हित को सर्वोपरि मानना होगा। वरना एक दिन हमारी ऑंखों के सामने ही मौत का तांडव रचा जा रहा होगा और हम असहाय होकर मृत्यु का द्वार खटखटा रहे होंगे। जय हिंद!

केवल कृष्ण वर्मा " कौस्तव टाइम्स"

ॐ भारतीय जन विकास पार्टी 🙏

(कर्तव्य) भारत की आज़ादी के बाद 76वें गणतंत्र दिवस पर कर्तव्य पथ की शोभा देखकर यह लगता है कि आजादी का पर्व तो अब मनाया जा रहा है। इस गणतंत्र दिवस समारोह को देखकर हम सभी भारतीय गौरवान्वित होंगे। हमारे देश की राष्ट्रपति श्रीमती द्रोपदी मुरमू गणतंत्र दिवस पर भारत का गौरवमयी तिरंगा झंडा फहराने के साथ ही भारतवासियों को शुभ संदेश में हमारी भावनाओं से खिलवाड़ करने वाले देशद्रोहियों को चेतावनी भी देती नज़र आएँगी। कर्तव्य पथ पर हमारे प्रधानमंत्री के कुशल नेतृत्व, मार्गदर्शन में भारत में हो रहा चौतरफ़ा विकास नज़र आएगा। भारत के वीर जवानों, सैनिकों की ताक़त को दिखाया जाएगा वीर सैनिकों की बहादुरी को नमन किया जाएगा। भारत का नया इतिहास रचा जाएगा। भारत की युवा पीढ़ी को राष्ट्र हित सर्वोपरि मानना होगा। भारतीय लोकतंत्र को बचाए रखने के लिए संविधान बनाने वाले डॉ भीमराव अम्बेडकर जी को भी नमन करना होगा। लेकिन हमें यह भी नहीं भूलना चाहिए कि भारत के प्रथम प्रधानमंत्री जवाहरलाल नेहरू ने संविधान में अपनी सत्ता को बचाए रखने के लिए, मुसलमानों को आर्थिक सहायता देने के लिए संविधान में कई बार संशोधन किया। यह केवल हिंदुओं को दबाए रखने की साज़िश थी। आज हमारा देश 76वॉं गणतंत्र दिवस मना रहा है। इस शुभ दिवस पर हम सभी देशवासियों को एक संकल्प के साथ विशाल संगठन बनाना होगा। देश के भीतर हमारे द्वारा दिए गए टैक्स से सुविधाएँ पाने वाले, मुफ्त में सुविधाएँ बॉंटने वाले नेताओं पर भारी पड़ना होगा। बिना परिश्रम किए सुविधाएं पाना और बाँटना भी मुश्किल कर देना होगा। हमें सुरक्षित भारत चाहिए तो युवा पीढ़ी को रोज़गार के साधन उपलब्ध कराने का प्रयास करना है। अपने ऐशो आराम, अश्लीलता, लव जेहाद के चक्कर से दूर रहकर अपने रास्ते की सभी बाधाओं को दूर करना है। बुजुर्ग माता-पिता को वृद्धावस्था में वृद्धाश्रम में भेजने की बढ़ रही प्रवृत्ति को रोकना है। हमें ऐसा भारत चाहिए, जिसमें हमारे सनातन संस्कृति

और संस्कारों को संरक्षित किया जा सके। हमें अपने भारत को विश्व शक्ति संपन्न देश बनाना है। आइए मिलकर इस शुभ दिवस पर भारत को विशाल विकसित भारत बनाने का प्रयास करें। स्वर्णिम भारत के लिए प्रधानमंत्री नरेंद्र मोदीजी के सहायक बनें। जय हिंद!

केवल कृष्ण वर्मा " कौस्तव टाइम्स"

ॐ भारतीय जन विकास पार्टी 🙏

(समाधान) भारतीय संविधान की व्याख्या को समझने की आवश्यकता तब अधिक होती है, जब समस्याओं का समाधान दिखाई नहीं देता। लोकतांत्रिक व्यवस्था में सभी को जीने का अधिकार है। लेकिन इस अधिकार पर भी हमारे देश के उन महान नेताओं का अधिकार रहा है, जो वास्तव में महान नहीं थे। हिन्दुओं के रक्षक बनने की बजाय दुश्मनी की खेल खेलने में माहिर थे। हिन्दुस्तान हिन्दुओं का है, यह भी भूल जाते थे। हिन्दुओं को उलझाए रखने के लिए जातपात के आधार पर बॉटने के लिए संविधान का उल्लंघन किया जाता रहा। भारत की आज़ादी के बाद राष्ट्रपति, मंत्री हिन्दू बनाए जाने चाहिए थे, लेकिन ऐसा नहीं हो पाया। हमारे देश की सत्ता पर विराजमान नेता मुस्लिम परिवारों से संबंधित थे, लेकिन उन्होंने भारत के लोगों से यह बात छुपाई रखी। महात्मा गाँधी को महान बताने वालों ने महात्मा गाँधी के दिल के भीतर की मंशा को कहीं उजागर होने नहीं दिया। यदि इस सच्चाई का पता हिन्दुओं को चलता कि गाँधी भी मुस्लिम परिवार और मुस्लिम नीतियों के समर्थक थे, तो शायद उनकी महानता का परचम लहराना आसान नहीं होता। भारत माता के महान सपूतों की बात को अनसुना करने वाला महात्मा गांधी महान कैसे बना दिया गया। भारत माता के वीर सपूतों को फॉसी के फंदे तक पहुँचाने वाला गांधी महान कैसे बन गया। आश्चर्य का विषय तो यह भी है कि गांधी और नेहरू परिवार को महान बताने वालों, लिखने वालों ने भारत माता के उन वीर सपूतों को महान क्यों नहीं बताया, जिन्होंने हिन्दू धर्म की रक्षा के लिए बलिदान दिया, भारत माता को अंग्रेजों की ग़ुलामी की जंजीरों से मुक्त कराने के लिए अपने परिवार की परवाह नहीं करते हुए बलिदान दिया। ऐसे महान स्वतंत्रता सेनानियों, देशभक्तों को हम नमन करते हैं। जिन महान क्रांतिकारियों, सपूतों के दिलों में भारत की पवित्र धरती से प्रेम था, उन्होंने भारत को आज़ाद कराने के लिए इस धरती की मिट्टी को चूमकर, नमन कर बलिदान दिया। भारत को आजादी दिलाने वाले किसी भी

देशभक्त के घर में इतना रूपया भी नहीं था कि उनके शहीद होने के बाद घर का खर्च आसानी से चल सके। देशभक्ति तो उन शहीदों और उनके परिवारों में कूट कूटकर भरी हुई थी। इसीलिए आजादी के बाद भी किसी देशभक्त परिवार ने अपने लिए सुविधाओं की मॉग नहीं की। महात्मा बने गांधी, पंडित बने नेहरू ने तो अंग्रेजों की चाटुकारिता करते हुए सत्ता पर विराजमान होने का अपना सपना पूरा किया। मुस्लिम परिवारों में जन्म लेकर हिन्दू बने रहने का ढोंग रचने वाले गांधी और नेहरू परिवार को हिन्दू समझ ही नहीं पाए। चंद सुविधाएँ पाने के लिए ललायित रहने लगे। वैसे तो देखा जाए, हमारे भारत में कोई भी गरीब नहीं है। भारत में पढ़ा लिखा परिवार अपनी शान शौकत दिखाने में व्यस्त रहता है। परिवार को बढ़ाना ही नहीं चाहता। लेकिन ग़रीबी रेखा में रहने वाला परिवार कभी भी एक या दो बच्चों तक सीमित नहीं रहा। अपने आपको अमीर दिखाने वाले परिवार ज़रा सोचें कि अमीर कौन है। वास्तव में अमीर तो वे ग़रीब हैं, जिनके परिवार में आज भी सात आठ बच्चों को जन्म दिया जाता है। अमीर अपनी सुरक्षा का दायित्व स्वयं नहीं उठा सकता। एक अमीर परिवार के घर के सदस्यों के घमंड के कारण उनकी शारीरिक क्षमता भी कम हो जाती है और एक ग़रीबी रेखा में रहने वाले परिवार के चेहरे पर मुस्कुराहट बनी रहती है। भारत के प्रधानमंत्री नरेंद्र मोदीजी भी उनमें से एक हैं। प्रधानमंत्री नरेंद्र मोदीजी का चेहरा हमेशा खिला रहता है। किसी भी दुविधा, विपदा का मुकाबला करने की क्षमता रखते हैं। एक गरीब परिवार में जन्म लेने वाला हमारे देश का प्रधानमंत्री बनकर हम हिन्दुओं की रक्षा को प्रमुखता से देखता है। भारत को हिन्दू राष्ट्र बनाना चाहता है। भारत को समृद्ध राष्ट्र बनाना चाहता है। मुगलों द्वारा तोड़े गए, लूटे गए हमारे मंदिरों का पुनर्निर्माण कराना चाहता है, हमें अपने देश के प्रधानमंत्री, भारत माता के राष्ट्रपुत्र के रास्ते में बाधाएँ उत्पन्न करने वालों को सबक सिखाने के लिए नाथूराम गोडसे की विचारधारा को अपनाना होगा। भारत माता का महान सपूत बनना होगा। जय हिन्द!

केवल कृष्ण वर्मा " कौस्तव टाइम्स"

ॐ भारतीय जन विकास पार्टी 🙏

(विश्वास) हम हिन्दुओं के साथ ही हमेशा विश्वासघात क्यों किया जाता रहा। इस बात में कोई दोराय नहीं है कि हिंदू शांति प्रिय हैं। जब हिन्दू किसी का खून नहीं बहा सकते तो हिन्दुओं का खून भी क्यों बहाया जाता है। हिन्दुओं की आस्था को भंग करने वाले देश के दुश्मन देशद्रोही नेताओं को सुविधाएं हमारे द्वारा दिए गए टैक्स से मिलती हैं। लेकिन जब बात राष्ट्र धर्म निभाने की आती है, जय श्री राम बोलने को कहा जाए तो उन्हें मुस्लिम वोट बैंक नज़र आने लगते हैं। इंडिया गठबंधन के किसी भी नेता में भारत को हिन्दू राष्ट्र बनाने की भावना नहीं है। जब चीन द्वारा भारत पर आक्रमण किया गया तो पंडित नेहरू ने भारत की जनता से दान स्वरूप राशि देने की मॉंग की। भारत की जनता ने खुलेआम दान दिया। यहॉं तक कि घर की गृहणियों ने अपने सोने चाँदी से बने ज़ेवर भी दान स्वरूप भारत सरकार को दे दिए। लेकिन दान में दिए गए रूपये, ज़ेवरात हमारे देश के वीर सैनिकों का हौंसला बढ़ाने के लिए खर्च नहीं हुए। कहीं हथियार ख़रीदे नहीं गए। कहॉं गया रूपया, ज़ेवरात? कौन हड़प कर गया? यदि रिजर्व बैंक में रखा गया होता तो भारत की जनता को पता तो चलता। हिन्द चीनी भाई भाई का नारा देने वाले पंडित नेहरू तथा उनकी मृत्यु के कुछ वर्ष बाद ही प्रधानमंत्री बनी नेहरू की सपुत्री इन्दिरा गांधी और इन्दिरा गाँधी की मृत्यु के बाद सपुत्र राजीव गाँधी प्रधानमंत्री बने, लेकिन भारत की भूमि पर चीन द्वारा किया हुआ क़ब्ज़ा छुड़वा नहीं सके। भारत का बहुत बड़ा भूभाग तो चीन को थाली में परोस कर दे दिया गया। पाकिस्तान द्वारा कश्मीर पर किया गया क़ब्ज़ा भी वापस नहीं ला सके। सन् 1965 युद्ध में जय जवान जय किसान का नारा देने वाले प्रधानमंत्री लाल बहादुर शास्त्री के कुशल नेतृत्व में भारतीय सेना ने लाहौर तक क़ब्ज़ा कर लिया तो रूस में ताशकंद समझौता भी भारत के लिए दुखदाई साबित हुआ। हमारे देश ने इस समझौते में भारत का लाल खो दिया। भारतीय सैनिकों द्वारा पाकिस्तान की सीमा के भीतर घुसकर किया गया क़ब्ज़ा भी पाकिस्तान को लौटा

दिया गया। भारत की अद्भुत शक्ति का परिचय देने वाले भारत के प्रधानमंत्री शास्त्री जी को मौत की नींद सुलाने में अहम भूमिका निभाने वाली इन्दिरा गाँधी प्रधानमंत्री बनी, जिसने पंजाब से बंगाल तक हिन्दुओं का नरसंहार कराने में अहम भूमिका निभाई। इन्दिरा गांधी की मृत्यु के बाद प्रधानमंत्री बने राजीव गाँधी के होते बोफोर्स घोटाला हुआ, लेकिन यहाँ भी इस घोटाले का पर्दाफाश नहीं हो पाया। भ्रष्टाचार एवं अपराध को बढ़ावा देने वाले कांग्रेसी नेताओं का रूपया विदेशी बैंकों में जमा हुआ। विदेशी बैंकों में रूपया रखने वाले नेताओं की नींद तो तब ख़राब हुई, जब उन्हें पता चला कि कांग्रेस राज तो ख़त्म होने जा रहा है और भारत के प्रधानमंत्री नरेंद्र मोदीजी बनने जा रहे हैं। रातों रात विदेशी बैंकों में जमा रूपया ख़ाली कर दिया गया। ऐसे नेता ही तो महान कहलाएँगे। एक भ्रष्ट कांग्रेसी परिवार का अंत होना अभी बाक़ी है। हम हिंदुओं को अपनी संगठन क्षमता को मज़बूत करना है, इस गांधी और नेहरू परिवार के अंत के साथ ही इंडिया गठबंधन के नेताओं का सफाया भी करना है। यदि हम हिन्दुओं को सुरक्षित भविष्य चाहिए तो गांधी, नेहरू परिवार तथा इंडिया गठबंधन के नेताओं की मंशा को समझना होगा। इन देशद्रोहियों को भारत की धरती से बाहर खदेड़ने में समय की बर्बादी हिन्दुओं के नरसंहार में अहम भूमिका निभाएगी। जय हिंद!

केवल कृष्ण वर्मा "कौस्तव टाइम्स"

ॐ भारतीय जन विकास पार्टी 🙏

(आशा) आज़ाद भारत का सपना देखने से पहले ही आज़ादी से पूर्व की रात में पंजाब-पाकिस्तान की धरती पर रात के घने अंधेरे में हिन्दुओं को मौत के घाट उतार दिया गया। भाईचारा निभाते हुए मुसलमानों ने हिन्दुओं से हथियार जमा करा लिए और अंधेरा का लाभ उठाकर लाखों हिन्दुओं को चिर निद्रा में सुला दिया। कई हिन्दुओं को तो विवशता में वहॉं मुसलमान भी बनना पड़ा। अपनी जान बचाने के लिए हिन्दुओं को कहीं एक छोटी सी जगह भी नहीं मिली। लाखों हिंदुओं को मारने वाले उनके पड़ोसी मुसलमान थे। भारत की धरती पर महात्मा बने गांधी, उन्हें अहिंसा के पुजारी गांधी भी कहा जाता था, राष्ट्रपिता कहा जाता था, ऐसी दुखद विपदा की घड़ी में हिन्दुओं को बचाने की बजाय मरने के लिए छोड़ दिया। कहॉं खो गया था वह गांधी, जिसने देशभक्तों को गुमराह करने की हमेशा कोशिश की। अपनी बात को मनवाने के लिए देशवासियों पर दबाव बनाने के लिए आमरण अनशन, आंदोलन करने की धमकियाँ दी। हिन्दुओं को मरवाने की साज़िश में मुसलमानों का साथ दिया। भारत में रह रहे मुसलमानों को पाकिस्तान जाने से रोक दिया। पाकिस्तान में हो रहे हिंदुओं के कत्लेआम को रोकने के लिए तो गांधी द्वारा आंदोलन की धमकी नहीं दी गई। इतिहास की किसी भी पुस्तक में यह नहीं लिखा गया कि गांधी ने हिंदुओं को कहीं भी बचाया। जब पाकिस्तान की स्थापना होने जा। रही थी तो क्या गांधी को पता नहीं चला। गांधी,नेहरू और जिन्ना के आपसी मधुर संबंधों के कारण ही तो भारत को दो टुकड़ों में विभाजित कराया गया। गांधी और नेहरु की मिलीभगत होने के कारण ही पंडित बने नेहरू को भारत का प्रधानमंत्री बनाया गया। हिन्दुओं को दबाए रखने के लिए, भारत में लोकतांत्रिक प्रक्रिया को बाधित करने के लिए संविधान को लिखने जा रहे देशभक्तों को पंडित नेहरू ने विवश किया। पंडित नेहरू तथा उनके परिवार के किसी भी सदस्य ने देश का प्रधानमंत्री बनने पर कहीं भी उपद्रव होने पर हिन्दुओं को बचाने की चेष्टा नहीं की। भारत की धरती

पर हिन्दुओं द्वारा दिए गए टैक्स से ही सभी सुख सुविधाएं प्राप्त करने वाले इस गांधी और नेहरू परिवार ने हिन्दुओं को गले लगाने की बजाय हिन्दुओं के दुश्मनों को गले लगाया। इतिहास गवाह है। हिन्दुओं को तो अपनी आजादी का अहसास अब होने लगा है। प्रधानमंत्री नरेन्द्र मोदीजी के कुशल नेतृत्व और मार्गदर्शन में भारत ही नहीं, विश्वभर में रह रहे हिन्दुओं को गर्व से अपने आपको हिन्दू कहने का साहस मिला। अधिकार प्राप्त हुआ। भारत में हिन्दुओं को अल्पसंख्यक बनाने की साज़िश पर रोक लगने लगी। गांधी और नेहरू परिवार ने मुसलमानों द्वारा हिन्दुओं की ज़मीन जायदाद हड़पने के लिए ही वक़्फ़ बोर्ड बनाया गया। इस वक्फ बोर्ड की स्थापना को हमारे भारत माता के राष्ट्रपुत्र प्रधानमंत्री नरेंद्र मोदीजी अपने साहसिक निर्णय से अमान्य घोषित कराने का निर्णय ले ही चुके हैं। क्या हमारे देश में लोकतांत्रिक प्रक्रिया दिखावे के लिए ही स्थापित की गई। मुस्लिम वोट हथियाने के लिए इंडिया गठबंधन बना। जिसके नेता नीचता की सारी हदें पार कर चुके हैं। लेकिन आश्चर्य तो तब होता है, जब हम सब कुछ जानकर भी कि ये नेता हमारे भविष्य के लिए ख़तरा बने रहेंगे, फिर भी चंद सुविधाओं की ख़ातिर अपने ही देश, अपने धर्म, अपने लोगों के भविष्य को अंधकारमय बना रहे हैं। मुगलों और अंग्रेजों ने भी भारत में अपने पैर जमाने के लिए क्या कुछ नहीं किया। जब उन्हें यह लगा कि भारत के लोग तो शांत मुद्रा में रहते हैं। उन्हें तो सुविधाएं चाहिए, अपने देश, धर्म, संस्कृति और सभ्यता की चिन्ता नहीं है तो उन्होंने इस अवसर का भरपूर लाभ उठाया। भारत के लोगों को गुलाम बना लिया। मुगल शासकों ने तो हिंदुओं को मुस्लिम बनने पर मजबूर कर दिया। अनेकों हिंदुओं को मौत के घाट उतार दिया। हमारे भव्य मंदिरों में लगा सोना चाँदी लूटकर ले गए। अंग्रेजों ने भी भारत को सोने की चिड़िया मानकर ही लूटा और अपने लिए भव्य महल बनवाए। हमारे देश के देशद्रोही नेता भी वही कुछ कर रहे हैं, जो मुगलों और अंग्रेजों ने किया। इंडिया गठबंधन का कोई भी ऐसा नेता नहीं है, जिसने हिन्दुओं का नरसंहार नहीं कराया। इन नेताओं के हाथ तो हिन्दुओं के खून से रंगे हुए हैं। भारत का संविधान तो कभी हिंदुओं के लिए नहीं बना। हिन्दुओं का शारीरिक शोषण होता रहा। आज़ादी के वर्षों बाद प्रधानमंत्री नरेंद्र मोदीजी

के नेतृत्व में यदि कुछ बदलाव आया है तो हमें संगठित होकर दृढ़ संकल्प, इच्छाशक्ति के साथ इंडिया गठबंधन के नेताओं को, देशद्रोहियों को भारत से बाहर निकालने में देरी नहीं करनी चाहिए। अपने सुरक्षित भविष्य के लिए भारत माता की जय बोलते हुए आगे बढ़ें। जय श्री राम बोलें। जय हिंद!

केवल कृष्ण वर्मा" कौस्तव टाइम्स"

ॐ भारतीय जन विकास पार्टी 🙏

(न्याय) भारत की आजादी से पूर्व और बाद में भी अदालतों में उचित न्याय नहीं मिल पाना एक आम आदमी की ज़िंदगी में कितना भूचाल ले आता है। आज़ादी की मॉंग करने वाले देशभक्तों को यदि उचित न्याय मिलता तो किसी भी भारत माता के सपूत को अंग्रेजों की गोलियों का शिकार नहीं होना पड़ता। फॉसी के फंदे पर झूलना नहीं पड़ता। सरदार भगत सिंह और उनके साथियों को रात के अंधेरे में फाँसी के फंदे पर लटकाने वाले भी हैरान परेशान थे। लेकिन हिन्दू प्रवृति के देशभक्तों के दुश्मन, अंग्रेजों के मुखबिर,चाटुकार, चापलूस, जय चंद,और लोगों को हमेशा गुमराह करने वाले अहिंसा के पुजारी गांधी और उनके विशेष सहयोगी शिष्य पंडित बने नेहरू हैरान परेशान नहीं थे। उन्हें तो सत्ता सुख पाने की लालसा थी। पाकिस्तान जा चुके मुसलमानों की ज़मीन जायदाद को सुरक्षित रखने की चिन्ता तो थी, लेकिन जो हिन्दू अपनी ज़मीन जायदाद पाकिस्तान में छोड़कर भारत की धरती की ओर रवाना हुए, उनकी चिन्ता करने वाला इन दोनों नेताओं में से कोई भी नहीं था। यदि इन नेताओं का वश चलता तो आज़ादी के बाद भी एक पाकिस्तान भारत की धरती पर बन जाता। जहॉं हिन्दुओं की लाशों के ढेर लगाए जाते रहते। हिन्दुओं के खून से धरती लाल होती रहती। लाशों के ढेर देखकर भारत माता का हृदय भी घायल ही रहता। महात्मा गाँधी की दिल्ली में बनी समाधि पर नतमस्तक होने वाले नेताओं को गांधी के चरित्र का क्या पता नहीं है। जिस गांधी के कारण लाखों हिन्दू मारे गए, उस गांधी की समाधि पर नतमस्तक क्यों हों। भारतीय करेंसी पर फ़ोटो क्यों? वक़्फ़ बोर्ड बनाकर हिन्दुओं पर अत्याचार करने की साज़िश रचने वाले नेताओं की समाधियॉं दिल्ली की राजधानी में ही क्यों? जब गांधी और नेहरू मुस्लिम नीतियों के समर्थक थे तो उनकी औलाद इससे भिन्न कैसे हो सकती है। मुग़ल शासकों की तरह हमारे देश के ये नेता भी तो हिन्दुओं को गुमराह करते हुए भीतर से दुश्मन ही तो थे। पंजाब से बंगाल तक हिन्दुओं के नरसंहार के लिए यही

परिवार ज़िम्मेदार है। वक़्फ़ बोर्ड बनाकर हिन्दुओं की प्रॉपर्टी पर क़ब्ज़ा कराने वाला अत्याचारी परिवार हिन्दुओं का रक्षक कैसे हो सकता है। जैसा बाप होगा, उसकी औलाद उससे भिन्न कैसे हो सकती है। कुछ न कुछ असर तो आएगा। इसलिए यदि हिन्दुओं को अपना अस्तित्व बचाए रखना है तो अपने बच्चों को पढ़ाई के साथ राष्ट्र प्रेम की शिक्षा दें। जनसंख्या बढ़ाने की कोशिश करें। अपने परिवार में से एक योद्धा तैयार कीजिए। गुरू गोविंद सिंह जी के चारों सपुत्र हिन्दू धर्म की रक्षा के लिए अपने प्राणों को न्योछावर कर सकते हैं तो ऐसी भावना, ऐसी सोच, ऐसी शिक्षा हम अपने बच्चों को क्यों नहीं दे सकते। जिस घर में युवा पीढ़ी अपने परिवार, समाज के बचाव के रास्ते खोज नहीं पाएगी, वहाँ चंद वर्षों के बाद चारों ओर खून ही खून नज़र आएगा। हम हिन्दू सुरक्षित नहीं रह पाएंगे। आज हमारे भारत में हिन्दू विरोधी नेताओं की भरमार हो रही है और ये नेता ही हम हिंदुओं को सुरक्षित देखना ही नहीं चाहते। जो नेता हिन्दू परिवार में जन्म लेकर भी जय श्रीराम कहने, बोलने की हिम्मत नहीं जुटा पाता, वह हम हिन्दुओं की कमज़ोरियों का लाभ उठाकर हमारा ही नेता बन जाता है। भ्रष्टाचार एवं अपराध को बढ़ावा देने वाले ही हमारे देश के नेता बने हुए हैं। जो नेता हमारी भारतीय करेंसी को पाकिस्तान में छपवाकर भारत में चला सकने की हिम्मत रखते हैं, वे नेता सरेआम भारत की सड़कों पर घूमते नज़र आते हैं। क्यों? यदि हमारे देश की राष्ट्रपति, हमारे प्रधानमंत्री नरेंद्र मोदीजी किसी कारणवश बेबस हैं तो हमें अपने बच्चों में से ही किसी को तो भारत माता के वीर सपूतों की तरह बनाना होगा। जय हिन्द!

केवल कृष्ण वर्मा " कौस्तव टाइम्स"

ॐ भारतीय जन विकास पार्टी 🙏

(प्रभाव) आज़ाद भारत में हम राष्ट्र प्रेम को बढ़ावा देने की बजाय अपने स्वार्थ को अधिक महत्व देते हैं? क्यों? यहाँ तक कि धार्मिक स्थलों पर भी हम प्रभाव दिखाते हैं। अपने नाम की पट्टिका लगाने के लिए इतने उतावले हो जाते हैं कि वहाँ केवल अपना प्रभाव दिखाने के लिए ऊँची बोलियां लगाते हैं। आज़ादी के बाद हमारे देश के नेताओं ने भ्रष्टाचार एवं अपराध की दुनिया को तो बढ़ावा दिया लेकिन एक ईमानदार सरकार हमें नहीं मिली। आतंकवाद, उग्रवाद को बढ़ावा देकर हिन्दुओं के हत्यारे तो मिले, लेकिन हिन्दुओं को बचाने वाला कोई प्रधानमंत्री या मुख्यमंत्री नहीं मिला। आज़ाद भारत में हिन्दुओं का बहुमत होने के बावजूद मुस्लिम राष्ट्रपति बने, मंत्री बने। जिन्होंने मुग़ल शासकों को महान बताया। गांधी और नेहरू को महान बनाया, जिन्होंने सत्ता पर बैठते ही हिंदुओं के विनाश की शुरुआत कर दी। आज़ाद भारत में एक सच्चे देशभक्त को कभी प्रधानमंत्री बनने का मौक़ा ही नहीं मिला। हिन्दुओं को हमेशा आगे बढ़ने से रोकने के लिए जातपात के भेदभाव में उलझाकर, मुफ्त में सुविधाएँ देने की घोषणा कर अपना उल्लू सीधा किया जाता रहा। लेकिन हिन्दू कभी यह समझ ही नहीं पाए कि आज़ाद भारत में मुस्लिम नीतियों के समर्थक गांधी और नेहरू को महान क्यों मानते जा रहे हैं। भ्रष्ट एवं अपराधिक प्रवृत्ति के नेताओं की उत्पत्ति होने लगी। यहाँ तक कि अयोध्या में प्रभु श्रीराम की जन्मभूमि पर मुगल साम्राज्य के दौरान हुए अतिक्रमण को हटाने के लिए कई वर्षों तक संघर्ष करना पड़ा। अदालत में न्याय प्रक्रिया को बाधित करने के लिए तत्कालीन नेताओं ने अहम भूमिका निभाई। आज भी मथुरा में श्री कृष्ण जन्मभूमि न्याय प्रक्रिया में उलझी हुई है। जब मुगल शासकों के अत्याचारी शासन के दौरान हमारे भव्य मंदिरों को तोड़कर ख़ज़ाना लूटा जाता रहा, तब भी हिन्दू समाज शांत मुद्रा को अपनाकर अत्याचारी शासकों के अत्याचारों को सहन करता रहा। ग़रीबी और ग़ुलामी की जंजीरों में जकड़ा रहा। लेकिन आज़ाद भारत में अब तक अत्याचारी मुग़ल

शासकों के नाम पर बनी मस्जिदों, मदरसों, शहरों और सड़कों को ध्वस्त नहीं किया जा सका। गीता ज्ञान में लिखित शब्दों को पढ़कर यही लगता है कि विध्वंसकारी शक्तियों का नाश करने के लिए देवतुल्य शक्तियां हमारे भारत में जन्म लेती आई हैं। शायद इसीका परिणाम है कि हमें भारत की धरती पर देवतुल्य, सनातन संस्कृति में विश्वास रखने वाला, राष्ट्र प्रेमी प्रधानमंत्री नरेंद्र मोदीजी मिले। उनके कुशल नेतृत्व और मार्गदर्शन के कारण विदेशी ताक़तों को भारत की ओर आँख उठाने का साहस पैदा नहीं हो रहा। विदेशी नेता हमारे प्रधानमंत्री के सामने नतमस्तक होते दिखाई देते हैं। कर्मभूमि पर अपना कर्तव्य तो निभाना ही पड़ता है। हमारे प्रधानमंत्री भी अपना कर्तव्य निभा रहे हैं। आज़ाद भारत के पूर्व नेताओं की तरह भारत की जनता को उलझाए रखना नहीं चाहते। इसीलिए हिंदू राष्ट्र की स्थापना के लिए अग्रसर हैं। अब तो कमी हम हिन्दुओं में ही दिखाई पड़ती है। हम हिंदू राष्ट्र तो चाहते हैं लेकिन देशभक्ति के नाम पर, राष्ट्र प्रेम के नाम पर अपना वर्चस्व पहले ढूंढते हैं। हमें धन संग्रह करने की लालसा को छोड़कर देश प्रेम की भावना को पैदा करना होगा। जनसंख्या को बढ़ावा देना होगा। परमपिता परमात्मा से अपने सुखद भविष्य के लिए प्रधानमंत्री नरेंद्र मोदीजी की दीर्घायु के लिए प्रार्थना करनी होगी। आइए मिलकर एक नया इतिहास रच दें।जय हिंद!

केवल कृष्ण वर्मा " कौस्तव टाइम्स"

ॐ भारतीय जन विकास पार्टी 🔱

(कदम) भारत की आज़ादी के दौरान भारत माता के वीर सपूतों ने कदम से कदम मिलाकर अंग्रेजों के दिलों में एक ख़ौफ़ पैदा किया और हमें आज़ादी मिली। ऐसा ही ख़ौफ़ पैदा करने की अब आवश्यकता पड़ चुकी है। आज़ादी के 77 वर्ष बाद हमें देश में वह क्रांति लानी है जिसका वर्णन सन् 1857 आज़ादी से पूर्व भारत के इतिहास में लिखा है। हमें राष्ट्र वीरों की भूमिका निभानी होगी। यदि हम यह सोचकर चलें कि हमारे देश के प्रधानमंत्री नरेंद्र मोदीजी अकेले ही या अपने दो चार साथियों के साथ मिलकर इस देश को बचा पाएंगे तो यह हमारी भूल है। प्रधानमंत्री तो अपना कर्तव्य निभा रहे हैं। उत्तरप्रदेश के मुख्यमंत्री योगी जी अपना कर्तव्य निभा रहे हैं, लेकिन कर्तव्य तो हमें भी निभाना है। हमारे अंदर राष्ट्र प्रेम कब जागेगा। गीता में लिखा है कि हमें अपने कर्मों का भुगतान भी यहीं करना है। यदि हम धन संग्रह के चक्कर में उलझे रहे, तो हमने अपने देश के प्रति राष्ट्र धर्म तो निभाया ही नहीं। आज हमें विश्वभर के हालातों पर नज़र दौड़ानी चाहिए। देश के दुश्मनों के छक्के छुड़ाने का वक्त आ चुका है। देशद्रोहियों को भारत से बाहर निकालने का वक्त आ गया है। देश के भीतर बैठे देशद्रोहियों, गद्दारों, जयचंदों को कब तक पनपने

का मौक़ा देते रहेंगे। क्या हमारी आने वाली पीढ़ियों को सुरक्षित जीवन नहीं चाहिए? क्या हमारी पीढ़ियों को अंधकारमय जीवन मिलेगा। हमें भारत को हिन्दू राष्ट्र बनाना है। एक विश्वशक्ति संपन्न देश बनाना है। पाकिस्तान की वह धरती, जिस पर अनेकों भारत माता के वीर सपूतों की बहादुरी की कहानियाँ लिखी हैं, उस पंजाब की पवित्र धरती को भी अपने शौर्य से अपने भारत में मिलाना है। लेकिन इस सबके लिए हमारे हिन्दू संगठन को मज़बूत होना होगा। प्रधानमंत्री नरेंद्र मोदीजी के कुशल नेतृत्व, मार्गदर्शन को नमन करना होगा। जरा सोचिए कि नरेंद्र मोदीजी जब प्रधानमंत्री बने तो हमें गर्व से हिन्दू कहने का साहस प्राप्त हुआ। देश के गद्दारों के नाक में नकेल कस दी

गई। आतंकवादियों, उग्रवादियों को उनकी भाषा में ही हमारे देश के वीर सैनिकों द्वारा उत्तर दिया जाने लगा। यदि अब भी हम ख़ामोश रहे तो देश के भीतर हिन्दुओं के अंत की तैयारी करने वाले कामयाब हो जाएँगे और हम अपने अंत की ओर बढ़ जाएँगे। हमारा वर्तमान बिखर जाएगा। हमारी संस्कृति, सभ्यता, संस्कारों को नष्ट कर दिया जाएगा। हमारी बहिन, बेटियों को एक बार फिर सरेआम नग्न अवस्था में नीलाम कर दिया जाएगा। मुगल इतिहास दोबारा रचा जाएगा। हमारे पैरों में पड़ी बेड़ियां हमें असहाय बना देंगी। मौत हमारे सिर पर आकर खड़ी होगी। हम मौत को तरस रहे होंगे और हिन्दुओं के दुश्मन हमारी आँखें से बह रही अश्रु धारा का मजाक उड़ा रहे होंगे। हम अपनी सुरक्षा का कोई उपाय नहीं कर पाएंगे। समय बीतने के बाद पछतावा ही तो रह जाता है। एक कहावत भी तो है, अब पछताए होत क्या जब चिड़िया चुग गई खेत! जब हम स्वयं ही अपने भविष्य को अंधकारमय बनाने के लिए दुश्मनों की फौज को चुनावों में बढ़ावा दे रहे हैं, तो उजाला हमसे कोसों दूर होता चला जाएगा। सुरक्षित भविष्य चाहते हैं तो जनसंख्या वृद्धि रोकने का प्रयास न करें। हाथों में अस्त्र शस्त्र चलाने की शिक्षा ग्रहण करें। इज़राइल की जनता की देशभक्ति को समझें। वहाँ लोगों का सुरक्षातंत्र इतना मज़बूत है कि दुश्मनों को उनकी धरती की ओर आँख उठाने का अवसर ही नहीं मिलता। हम हिन्दुओं को भी ऐसे कदम उठाने के लिए संकोच नहीं करना चाहिए। हमें भी अपनी धरती, संस्कृति, सभ्यता और संस्कारों को बचाना होगा। मोदीजी, योगी जी जैसा सहृदय बनाना होगा। जय हिंद!

केवल कृष्ण वर्मा " कौस्तव टाइम्स"

ॐ भारतीय जन विकास पार्टी 🙏

(ताक़त) आज़ादी का सपना तब तक साकार नहीं हुआ, जब तक भारत माता को अंग्रेजों की ग़ुलामी की जंजीरों से मुक्त कराने के लिए किसी भी तरह का बलिदान देने के लिए साहसिक वीर सपूत नहीं मिले। हमें उन देशभक्तों, भारत माता के वीर सपूत स्वतंत्रता सेनानियों को, नमन करना चाहिए। उनके बलिदान से ही हमें स्वतंत्रता मिली। हम आज़ाद तो हुए, लेकिन स्वतंत्रता के बाद भारत की सत्ता पर बैठे नेताओं ने हमें ग़ुलाम बनाए रखने के लिए जातपात के भेदभाव में उलझाकर अपना वोट बैंक बनाया। हिन्दुओं के नरसंहार का ज़िम्मेदार कौन है, यह तो अब छुपा नहीं रह गया। परमपिता के दरबार में देर है, लेकिन अंधेर नहीं। यदि अहिंसा के पुजारी गांधी ने भीतरी साज़िशों के तहत हिंदुओं का नरसंहार कराया तो उन्हें भी गोलियों का शिकार होना पड़ा। वह भी एक दिन मौत के घाट उतार दिए गए। पंडित बने नेहरू की पुत्री इन्दिरा गांधी ने यदि पंजाब में उग्रवाद को बढ़ावा देकर हिन्दुओं का नरसंहार कराया तो वह भी अंत में गोलियों का शिकार बनी। उन्हें भी वैसी ही मौत मिली, जैसी मौत हिन्दुओं को पंजाब से बंगाल तक मिलती रही। प्रकृति का नियम है कि जब आप किसी का बुरा करोगे तो आपका बुरा होना तय है। हिन्दुओं के संगठित ना हो पाने के कारण ही पंजाब से बंगाल तक नरसंहार होता रहा। हिन्दू तो अख़बारों में हिन्दुओं के ख़ून से लाल होती धरती का समाचार पढ़कर भी जागरूक नहीं हुए।यदि हिन्दू भारत की आज़ादी के दौरान और बाद में भी हुए नरसंहार का बदला लेने के लिए संगठित हो जाते तो हिन्दुओं के दुश्मनों को भारत में हिन्दुओं के नरसंहार की कभी कोई हिम्मत ही नहीं पड़ती। हिन्दू तो मुगल जब आए, तब भी शांत थे और जब अंग्रेज आए, तब भी हिन्दू शांत तो थे, लेकिन संगठित होकर अंग्रेजों को भारत से बाहर खदेड़ने के लिए अपने ही भारत माता के वीर सपूतों को साथ नहीं दे पाए। आज वर्षों बाद का इतिहास बदला नहीं है। आज भी हम हिन्दू राष्ट्र के लिए प्रयासरत प्रधानमंत्री नरेंद्र मोदीजी को यह विश्वास दिलाने में कामयाब

नहीं हुए कि आप आगे बढ़िए, हम आपके साथ हैं। हमारा हर कदम राष्ट्र के लिए समर्पित होगा। यदि हम हिन्दू ऐसा कर पाए तो भारत को हिन्दू राष्ट्र बनाने से कोई रोक नहीं पायेगा। भारत के प्रधानमंत्री नरेंद्र मोदीजी के कुशल नेतृत्व, मार्गदर्शन की सराहना विदेशों में इसलिए भी होती है क्योंकि विदेशी नेताओं को भी यह पता चल चुका है कि भारत को एक मज़बूत राष्ट्र राष्ट्र बनाने की चाहत को कोई रोक नहीं पाएगा। प्रधानमंत्री नरेंद्र मोदीजी का यह संकल्प, सपना तभी पूरा होगा, जब हम भारतीय बनने की कोशिश करें। हम हिन्दुओं को संगठित होकर अपने शौर्य, अपनी ताक़त का अहसास देश के दुश्मनों को तो कराना ही है, लेकिन देश के उन देशद्रोही नेताओं को, देशद्रोहियों को भी कराना है, जो महात्मा बने गांधी के आंदोलन की राह पर चलकर हम हिन्दुओं के रास्ते के बाधक बने हुए हैं। जय हिन्द!

केवल कृष्ण वर्मा " कौस्तव टाइम्स"

ॐ भारतीय जन विकास पार्टी 🙏

(भलाई)भारत माता को ग़ुलामी की जंजीरों से मुक्ति दिलाने वाले भारत के वीर सपूतों ने कभी भी अंग्रेजों से माफ़ी नहीं माँगी, भीख भी नहीं माँगी। अपने लिए जीवन भी नहीं मांगा। उन देशभक्तों ने तो अंग्रेजों को झुकाने की क़सम खाई और अंग्रेजों को भारत से भागने में ही अपनी भलाई दिखी। अंग्रेजों को तो भारत छोड़ना ही था, लेकिन भारत के भीतर भारत को दो टुकड़ों में विभाजित कराने की सोच केवल अंग्रेजों के उन चापलूसों, चाटुकारों की थी, जो वास्तव में हिन्दू संस्कारों से प्रेरित नहीं थे। जिनका जन्म मुस्लिम परिवार में हुआ, वे देशभक्त बनकर भारत माता को, भारत माता के राष्ट्र पुत्रों कोअपमानित तो कर सकते थे लेकिन आजादी नहीं दिला सकते थे। परन्तु इतिहास की पुस्तकों में तो आजादी के बाद सत्ता पर विराजमान होने जा रहे नेताओं को महान बनाकर दिखा दिया गया। आज़ाद भारत की तस्वीर तो उसी समय बदल गई जब भारत के महान नेताओं गांधी और नेहरू ने पाकिस्तान बनने के बाद भी मुसलमानों को भारत से बाहर जाने नहीं दिया। यदि भारत सरकार में सरदार वल्लभ भाई पटेल हमारे नेता नहीं होते तो पाकिस्तान की सीमा से आंध्र प्रदेश तक जी टी रोड के बीच में से एक सड़क पाकिस्तानी मुसलमानों को भारत की धरती पर व्यापार करने के लिए बनाकर देने की तैयारी कर ली गई थी। यदि ऐसा हो जाता तो कई वर्ष पूर्व एक और पाकिस्तान भारत में बन चुका होता। डॉ. भीमराव अम्बेडकर ने भी संविधान बनाते समय पंडित बने नेहरू की आलोचना ही की। नेहरू की आपत्तियों को दरकिनार किया, तब संविधान बना। संविधान बनने के बाद हिन्दुओं को दबाए रखने के लिए बहुत से बदलाव किए गए। ये बदलाव तभी संभव हुए जब भारत माता के साहसिक वीर सपूत सरदार वल्लभभाई पटेल तथा डॉ भीमराव अम्बेडकर इस धरती को छोड़कर परलोक सिधार गए। इतिहास की किसी भी पुस्तक में यह लिखा कहीं नहीं मिलेगा कि गांधी और नेहरु परिवार हिन्दू नेताओं से नफ़रत नहीं करते थे। आज तो सता सुख पाने की लालसा में

गांधी, नेहरू परिवार ही नहीं, भारत के भीतर अनेकों देशद्रोही नेता इंडिया गठबंधन बनाकर हिन्दुत्व को आगे बढ़ाने वाले राष्ट्रवादी, राष्ट्रप्रेमी, राष्ट्रभक्त भारत माता के राष्ट्रपुत्र प्रधानमंत्री नरेन्द्र मोदीजी के कुशल नेतृत्व को स्वीकार करने की बजाए भारत के बाहरी दुश्मनों का सहारा बने बैठे दिखाई देते हैं। भारत माता के वीर सैनिकों के शौर्य को नमन करने की बजाए प्रश्न चिन्ह लगाने की कोशिश करते हैं। भारत के भीतर लोगों का शारीरिक शोषण करने के लिए मुफ्त में सुविधाएँ बॉटकर वोट बैंक बनाने की कोशिश की जाती है। जापान और चीन जैसे देशों में तो किसी भी नेता के मुँह से मुफ्त में सुविधाएँ बॉटने की घोषणा नहीं की जाती। इसीलिए ये देश ऊंचाइयों को छूने का प्रयास भी करते हैं। वहॉं नेताओं की देशभक्ति दिखाई देती है। भारत में तो देशभक्ति का जज़्बा हमारे देश के नेताओं में दिखाई ही नहीं पड़ता। हमारे भारत में नेताओं की तिजोरियाँ भरी रहनी चाहिएँ। तिजोरियाँ भरी होंगी, तभी भारत की अर्थव्यवस्था को नुक़सान पहुँचाने के लिए आन्दोलनों को बढ़ावा मिलेगा। किसान आंदोलन हम सभी की ऑंखों के सामने है। भारत की राजधानी दिल्ली को चारों ओर से बाधित करा दिया गया। दिल्ली के लोगों को अपने जीवन में अधूरापन दिखाई देने लगा। भारत के बाहरी दुश्मनों से इतना ख़तरा नहीं है, जितना ख़तरा देश के भीतर है। हम सभी यह देख ही रहे हैं कि कई बाहरी देश भीख का कटोरा लेकर विदेशी शक्तियों के आगे नतमस्तक हैं और भारत के प्रधानमंत्री नरेंद्र मोदीजी के कुशल नेतृत्व, मार्गदर्शन के आगे विश्वभर के नेता नतमस्तक हैं। आज़ादी के बाद भी हमारे देश के प्रधानमंत्री जवाहरलाल नेहरू अंग्रेज मल्लिका के चरणों के पास बैठे दिखाई देते हैं। लेकिन हमारे प्रधानमंत्री नरेन्द्र मोदीजी को मिलने के लिए अमेरिका के राष्ट्रपति को भी पीछे पीछे चलना पड़ता है। आज विपक्षी इंडिया गठबंधन के नेता विदेशों में जाकर देश की अर्थव्यवस्था को बर्बाद करने के लिए, प्रधानमंत्री को नीचा दिखाने की कोशिश विदेशी नेताओं से हाथ मिलाने की कोशिश करते हैं। कितना अंतर है? प्रधानमंत्री नरेंद्र मोदीजी तो भारत को हिन्दू राष्ट्र बनाना चाहते हैं, जबकि इंडिया गठबंधन के सभी नेता मुस्लिम राष्ट्र बनाने के लिए प्रयासरत हैं। हमारे प्रधानमंत्री मंदिर, गुरुद्वारे में जाकर पूजा करते दिखाई देते हैं और

विपक्षी नेता हमारे प्रभु श्रीराम के अस्तित्व पर ही प्रश्न चिन्ह लगाते हैं। क्या इंडिया गठबंधन के नेता हम हिंदुओं के दुश्मन नहीं हैं और अपने दुश्मनों को ही हम चंद सुविधाएँ पाने के लिए वोट देते हैं। अपने स्वार्थ के लिए इन देशद्रोहियों का सहारा बनकर खड़े हो जाते हैं। हमें तो ऐसे नेताओं को धिक्कार देना चाहिए। भारत के उज्जवल भविष्य के लिए प्रधानमंत्री नरेंद्र मोदीजी के कुशल नेतृत्व, मार्गदर्शन में ही भारत को हिन्दू राष्ट्र बनाएं, ताकि हमारी आने वाली पीढ़ियों को अंधकारमय जीवन दिखाई ही न दे। जय हिंद!

केवल कृष्ण वर्मा "कौस्तव टाइम्स"

ॐ भारतीय जन विकास पार्टी 🙏

(अहिंसा) भारत की आजादी के बाद महात्मा गाँधी को अहिंसा का पुजारी बताकर हिन्दुओं से विश्वासघात किया जाता रहा। हिन्दुओं की सबसे बड़ी भूल हुई कि मुगलों और अंग्रेजों की तरह हिन्दू अहिंसा के पुजारी को जान ही नहीं सके। हिन्दुओं का नरसंहार होता रहा और अहिंसा का पुजारी खिड़की से नीचे झाँकता रहा। हिन्दुओं की खून से बह रही धाराओं को देखता रहा। हिन्दुओं की लाशों को ढेर लगते देखकर भी जिस अहिंसा के पुजारी की ज़ुबान नहीं खुली, वह हिन्दुओं के लिए महान कैसे बन गया। कैसे राष्ट्रपिता बना दिया गया। जिसकी अस्थियाँ तो रामपुर (उत्तरप्रदेश) में दफ़नाई गई और समाधि दिल्ली में भी बनाई गई। हिन्दुओं से सत्य को छुपाया जाता रहा। गांधी ने नेहरू को प्रधानमंत्री बनाया, यह तो सभी जानते हैं, लेकिन यह नहीं बताया गया कि नेहरू को किस मोहवश प्रधानमंत्री बनाया गया। जबकि इस सीट के लिए आज़ाद हिन्द फौज के संस्थापक नेताजी सुभाषचंद्र बोस,सरदार वल्लभभाई पटेल दावेदार थे। प्रधानमंत्री की इस सीट के लिए दावेदार तो भारत माता के वह सपूत भी हो सकते थे, जिन्हें गांधी के इशारे पर फाँसी के फंदे पर लटकाया गया। भारत माता के वीर सपूतों के बलिदान को याद करने की बजाए, उनकी वीर गाथाओं को सुनने की बजाए हिन्दुओं के दुश्मन नेताओं की साज़िशों को उजागर करने की बजाए उन देशद्रोहियों की महिमा का गुणगान किया जाने लगा। काश कि हिन्दू परिवारों की मौत का बदला लेने के लिए पंडित नाथूराम गोडसे जैसे देशभक्त होते। उनके दिलों में देशभक्ति का भाव होता। राष्ट्र प्रेम होता। हमारे देश में हम दो हमारे दो का नारा देने वाले नहीं होते, देश में भ्रष्टाचार एवं अपराध को बढ़ावा देने वाले नेता नहीं होते, हिन्दुओं में बिखराव को बढ़ावा देने के लिए जातपात को बढ़ावा देने वाले नेता नहीं होते, चंद सुविधाएँ देकर वोट बटोरने वाले नेता नहीं होते तो हिन्दुओं के अंदर की मानसिकता नहीं बदलती। हम दो हमारे दो की बजाए हम दो और हमारे आठ बच्चे होते। उन बच्चों में से ही भारत

माता के वीर सपूत बनते। महाराणा प्रताप, छत्रपति शिवा जी महाराज, पृथ्वी राज चौहान, गुरू गोविंद सिंह जी, उनका शहीदी परिवार, जैसा दृष्टिकोण भारत माता के वीर सपूतों में होता। झाँसी की रानी महारानी लक्ष्मी बाई जैसी देवी का रूप धारण कर दुश्मनों का नाश करने वाली महान वीरांगना होती। लेकिन गांधी और नेहरू परिवार नहीं होता। यदि हमारे भारत में भारत माता के सपूत राष्ट्र पुत्र प्रधानमंत्री नरेंद्र मोदी नहीं बनते तो हमारे भारत में हिन्दुओं की प्रापर्टी वक्फ बोर्ड की हो जाती, मुस्लिम परिवारों की हो जाती। हम गुलाम बना दिए जाते। गांधी और नेहरू परिवार यही सब चाहते थे। लेकिन हमारे देश के उज्जवल भविष्य के लिए प्रधानमंत्री नरेन्द्र मोदीजी के कुशल नेतृत्व, मार्गदर्शन ने गांधी और नेहरू परिवार की नींव को ही हिलाकर रख दिया। यदि हम हिन्दुओं ने मुगलों और अंग्रेजों के अत्याचारों की कहानियों को पढ़ा होता तो आज भारत की वह स्थिति नहीं होती, जिसमें एक सच्चे राष्ट्र पुत्र को अपने ऊपर ही कंट्रोल करना पड़ा। हम भारतीयों को सच्चा देशभक्त बनना होगा। परिवार नियोजन की बजाए परिवार को बढ़ावा देना होगा। हिन्दू के खून की एक बूँद भारत की पवित्र धरती पर गिर न पाए, यह प्रयास हम हिन्दुओं को संगठित होकर करना होगा। आइए मिलकर एक नया इतिहास रच दें। जय हिंद ! जय श्रीराम !

केवल कृष्ण वर्मा " कौस्तव टाइम्स"

ॐ भारतीय जन विकास पार्टी 🙏

(टूटते सपने) आज़ाद भारत का सपना तो भारत माता के अनेकों वीर सपूतों के बलिदान से ही पूर्ण हुआ। लेकिन सत्ता पर विराजमान हुए नेताओं गांधी, नेहरू और जिन्ना की मिलीभगत, साज़िशों की ही परिणाम था कि जिस भारत की कल्पना की गई थी वह आज तक पूरी नहीं हुई। भारत में भ्रष्टाचार एवं अपराध को बढ़ावा मिला। जातपात को बढ़ावा मिला। परिवार बिखरते चले गए। सपने टूटते चले गए। परिवार में बुजुर्गों का मान सम्मान कम होने लगा। अश्लीलता की सभी सीमाएं लाँघ दी जाने लगी। युवा पीढ़ी अपने ऐशो-आराम के साधन खोजने लगी और माता-पिता के बुढ़ापे का सहारा भी छिन गया। विदेशों में जाकर अपने ऐशो-आराम की ज़िंदगी जीने वाले भारत के नेताओं ने भारत की धरती पर कदम रखते ही नया टैक्स लगाने की घोषणा को अंजाम दिया, वैसे ही लोगों के सपने टूटते चले गए। भारत के किसी भी नेता ने लोगों के बुढ़ापे का सहारा छिनते हुए देखकर भी इसे रोकने की कोशिश नहीं की। टैक्सों की भरमार से लोगों का जीवन अस्त व्यस्त होने लगा। लोग सरकारी सहायता पाने के लिए भागदौड़ करने लगे। उच्च जाति माने जाने वाले लोग भी निम्न जाति का सर्टिफिकेट बनाने के लिए मजबूर होने लगे। यहाँ तक कि सरकारी नौकरियों में भी आरक्षण के नाम पर लोगों के सपनों को तोड़ा गया। सरकारी नौकरियों में जातपात को बढ़ावा मिला। सीनियर सिटीज़न बुढ़ापे के आख़िरी पड़ाव तक सरकार को टैक्स चुकाता रहा, लेकिन बुढ़ापे में सुविधाएँ पाने से वंचित रहे। विदेशी धरती से वापस भारत आने वाले नेताओं ने विदेश में बुजुर्गों को मिल रही सुविधाओं को अनदेखा किया। यहाँ तक कि मेडिकल और पेंशन जैसी सुविधाओं से भी वंचित रखा। विदेशों में तो दसवीं कक्षा तक बच्चों की पढ़ाई पर कोई खर्च नहीं होता, लेकिन भारत में तो प्राइवेट स्कूलों और कॉलेजों को बढ़ावा देकर लूटपाट करने के रास्ते खोल दिए गए। बच्चों के भविष्य के साथ खिलवाड़ किया जाने लगा। स्कूल और कॉलेजों में दाख़िले के लिए भी माता-पिता की जेब पर

डाका पड़ता ही चला गया। लेकिन किसी भी नेता ने पढ़ाई के नाम पर मच रही लूट को रोकने की कोशिश नहीं की। यहाँ भी लोगों के सपने टूटते चले गए। आज़ादी के वर्षों बाद भारत में हमारे प्रधानमंत्री नरेंद्र मोदीजी ने कुछ बदलाव लाने की कोशिश की। आयुष्मान योजना लागू होने से पहले ही इसे रोकने की कोशिश हमारे देश में विपक्षी नेताओं द्वारा होने लगी। स्वतंत्र भारत का सपना कैसे साकार हो सकता है, जब हमारे देश में लोगों द्वारा दिए गए टैक्स से भरे ख़ज़ाने को लूटने वाले नेताओं की कोठियाँ तो बन सकती है, अपने घर की तिजोरियों को भरने वाले नेता बैंक लॉकरों पर भी क़ब्ज़ा जमा लेते हैं, लेकिन सीनियर सिटीज़न को सुविधाओं से वंचित रखने के लिए बहाने ढूंढते हैं। क्यों? क्या हमारे देश में नेताओं को ही जीने का अधिकार हैं। हमारी ही वोट से बने नेताओं ने तो भारतीय लोकतंत्र का मजाक बना दिया। न्यायपालिका में भी देश के भ्रष्ट नेताओं को संरक्षण प्राप्त होता है। लेकिन एक ईमानदार व्यक्ति न्याय पाने के लिए वर्षों तक अदालतों के चक्कर काटता रह जाता है। देश में न्याय व्यवस्था को इस तरह बाधित कर दिया गया है कि न्यायपालिका पर लोगों को विश्वास ही उठ चुका है। एक न्यायाधीश के सामने बैठा सरकारी कर्मचारी रिश्वत के रूपए अपनी जेब में डालता नज़र आता है। शायद ऐसे समय अदालतों में लगे कैमरे भी काम करने बंद हो जाते हैं। न्यायाधीश अपना उचित निर्णय भी नेताओं के दवाब में नहीं दे पाते। क्या यही लोकतंत्र है? जिस देश में उचित न्याय के लिए भी सपनों को तोड़ा जाता रहेगा, उस देश में राष्ट्र धर्म को सर्वोपरि कैसे माना जा सकता है। कैसे राष्ट्र प्रेम होगा। कैसे बच्चों को जन्म देने वाले माता-पिता अपने बुढ़ापे का सहारा ढूँढ पाएंगे। एक राष्ट्र पुत्र प्रधानमंत्री नरेंद्र मोदीजी को कोसने वाले नेता अपने अंदर की आत्मा में झांककर देखने की कोशिश क्यों नहीं करते, जिस देश की पवित्र धरती पर उन्होंने जन्म लिया है, उस धरती का क़र्ज़ कैसे चुकाएँगे, जब देश के देशद्रोही नेताओं के मुँह से जय श्रीराम का नारा भी नहीं निकल सकता। देश के इन नेताओं विशेषकर इंडिया गठबंधन के नेताओं को भी एक दिन अपने कर्मों का फल भुगतना पड़ेगा, जब भारतवासी इन नेताओं की काली करतूतों का जवाब देने में सक्षम हो जाएँगे। भारत के लोग देश के भ्रष्ट नेताओं से लगभग तंग

आ चुके हैं। जिस दिन भ्रष्टाचार का अंत होगा, उस दिन भ्रष्ट नेताओं का भी अंत होगा। गीता ज्ञान को कैसे भुला सकते हैं। भगवान कृष्ण ने गीता में कहा है कि जब जब धर्म की हानि होती है, तो वह अधर्म का नाश करने के लिए जन्म लेते हैं। हो सकता है कि देश के अधर्मी नेताओं का नाश करने के लिए ही भारत में देवतुल्य प्रधानमंत्री नरेंद्र मोदीजी तथा उत्तरप्रदेश के मुख्यमंत्री योगी जी ने जन्म लिया हो। भारत का इतिहास स्वर्ण अक्षरों में लिखा जाएगा। जय हिंद! जय श्रीराम!

केवल कृष्ण वर्मा " कौस्तव टाइम्स"

ॐ भारतीय जन विकास पार्टी 🙏

(अहिंसा) भारत की आजादी के बाद महात्मा गाँधी को अहिंसा का पुजारी बताकर हिन्दुओं से विश्वासघात किया जाता रहा। हिन्दुओं की सबसे बड़ी भूल हुई कि मुगलों और अंग्रेजों की तरह हिन्दू अहिंसा के पुजारी को जान ही नहीं सके। हिन्दुओं का नरसंहार होता रहा और अहिंसा का पुजारी खिड़की से नीचे झाँकता रहा। हिन्दुओं की खून से बह रही धाराओं को देखता रहा। हिन्दुओं की लाशों को ढेर लगते देखकर भी जिस अहिंसा के पुजारी की ज़ुबान नहीं खुली, वह हिन्दुओं के लिए महान कैसे बन गया। कैसे राष्ट्रपिता बना दिया गया। जिसकी अस्थियाँ तो रामपुर (उत्तरप्रदेश) में दफ़नाई गई और समाधि दिल्ली में भी बनाई गई। हिन्दुओं से सत्य को छुपाया जाता रहा। गांधी ने नेहरू को प्रधानमंत्री बनाया, यह तो सभी जानते हैं, लेकिन यह नहीं बताया गया कि नेहरू को किस मोहवश प्रधानमंत्री बनाया गया। जबकि इस सीट के लिए आज़ाद हिन्द फौज के संस्थापक नेताजी सुभाषचंद्र बोस,सरदार वल्लभभाई पटेल दावेदार थे। प्रधानमंत्री की इस सीट के लिए दावेदार तो भारत माता के वह सपूत भी हो सकते थे, जिन्हें गांधी के इशारे पर फाँसी के फंदे पर लटकाया गया। भारत माता के वीर सपूतों के बलिदान को याद करने की बजाए, उनकी वीर गाथाओं को सुनने की बजाए हिन्दुओं के दुश्मन नेताओं की साज़िशों को उजागर करने की बजाए उन देशद्रोहियों की महिमा का गुणगान किया जाने लगा। काश कि हिन्दू परिवारों की मौत का बदला लेने के लिए पंडित नाथूराम गोडसे जैसे देशभक्त होते। उनके दिलों में देशभक्ति का भाव होता। राष्ट्र प्रेम होता। हमारे देश में हम दो हमारे दो का नारा देने वाले नहीं होते, देश में भ्रष्टाचार एवं अपराध को बढ़ावा देने वाले नेता नहीं होते, हिन्दुओं में बिखराव को बढ़ावा देने के लिए जातपात को बढ़ावा देने वाले नेता नहीं होते, चंद सुविधाएँ देकर वोट बटोरने वाले नेता नहीं होते तो हिन्दुओं के अंदर की मानसिकता नहीं बदलती। हम दो हमारे दो की बजाए हम दो और हमारे आठ बच्चे होते। उन बच्चों में से ही भारत

माता के वीर सपूत बनते। महाराणा प्रताप, छत्रपति शिवा जी महाराज, पृथ्वी राज चौहान, गुरू गोविंद सिंह जी, उनका शहीदी परिवार, जैसा दृष्टिकोण भारत माता के वीर सपूतों में होता। झाँसी की रानी महारानी लक्ष्मी बाई जैसी देवी का रूप धारण कर दुश्मनों का नाश करने वाली महान वीरांगना होती। लेकिन गांधी और नेहरू परिवार नहीं होता। यदि हमारे भारत में भारत माता के सपूत राष्ट्र पुत्र प्रधानमंत्री नरेंद्र मोदी नहीं बनते तो हमारे भारत में हिन्दुओं की प्रापर्टी वक्फ बोर्ड की हो जाती, मुस्लिम परिवारों की हो जाती। हम गुलाम बना दिए जाते। गांधी और नेहरू परिवार यही सब चाहते थे। लेकिन हमारे देश के उज्जवल भविष्य के लिए प्रधानमंत्री नरेन्द्र मोदीजी के कुशल नेतृत्व, मार्गदर्शन ने गांधी और नेहरू परिवार की नींव को ही हिलाकर रख दिया। यदि हम हिन्दुओं ने मुगलों और अंग्रेजों के अत्याचारों की कहानियों को पढ़ा होता तो आज भारत की वह स्थिति नहीं होती, जिसमें एक सच्चे राष्ट्र पुत्र को अपने ऊपर ही कंट्रोल करना पड़ा। हम भारतीयों को सच्चा देशभक्त बनना होगा। परिवार नियोजन की बजाए परिवार को बढ़ावा देना होगा। हिन्दू के खून की एक बूँद भारत की पवित्र धरती पर गिर न पाए, यह प्रयास हम हिन्दुओं को संगठित होकर करना होगा। आइए मिलकर एक नया इतिहास रच दें। जय हिंद ! जय श्रीराम !

केवल कृष्ण वर्मा " कौस्तव टाइम्स"

ॐ भारतीय जन विकास पार्टी 🙏

(अनदेखा) भारत की आज़ादी के दौरान अंग्रेजों के चापलूस बनकर देशभक्तों को गुमराह करते हुए महात्मा बने गांधी और पंडित बने नेहरू परिवार की ग़लतियों को नज़रअंदाज़ किया जाता रहा। क्योंकि सच्चाई को सामने आने ही नहीं दिया जाता था। सच्चाई को सामने आने देने से पूर्व ही गांधी अपनी बात मनवाने के लिए देशभक्तों को आंदोलन की धमकी देकर उलझा देते रहे। गांधी और नेहरू परिवार की काली करतूतों का पर्दाफ़ाश कभी भी नहीं हो सका। आज़ादी के दौरान पाकिस्तान (पंजाब) की धरती पर मारे गए हिन्दुओं की लाशों का संस्कार करने वाला भी अपना कोई नहीं था। आज जो हालात विश्वभर में फैल चुके आतंक के कारण हो रहे है, वहीं हालात आज़ादी के दौरान हिन्दुओं को भुगतने पड़े थे। इज़राइल और हमास युद्ध किसकी देन है? क्या इज़राइल ने युद्ध की शुरुआत की, नहीं। युद्ध की शुरुआत तो हमास में बसे आतंकवादियों ने की, जिनके दिलों में मानवता के प्रति कोई रहम नहीं। हिन्दू धर्म के रक्षक गुरू गोविंद सिंह जी ने भी जब यह कहा कि इन मुस्लिम आतंकियों का कभी भरोसा न करे। लेकिन हम हिन्दुओं ने गांधी और नेहरू परिवार पर भरोसा किया। इसका परिणाम भी हमने पंजाब से बंगाल तक मारे गए हिन्दुओं का देखा। पंजाब में उग्रवाद को बढ़ावा देकर हिन्दुओं को मरवाया गया तो बंगाल में भी रोहिंग्या मुस्लमानों को आगे लाकर हिन्दुओं को मरवाया जा रहा है। लेकिन हिन्दू संगठित होकर देशद्रोही नेताओं को सबक़ सिखाने की कोशिश ही नहीं करते, क्यों? वैसे भी ग़लत लोगों, नेताओं की जीत उसी समय पक्की हो जाती है, जब हम लोग ग़लत होता देखकर भी अनदेखा कर देते हैं। बापू गांधी के बंदरों की तरह ऑंख, कान और मुँह बंद कर बैठे रह जाते हैं। चंद सुविधाओं

को पाकर हम यह भूल जाते हैं कि इसी गांधी और नेहरू परिवार के कारण आज़ादी के बाद भी हिन्दुओं की आबादी कम होती गई और हिन्दुओं के नरसंहार के लिए हमेशा

तैयार रहने वाले लोगों की आबादी बढ़ती ही चली गई। हिन्दू तो हम दो हमारे दो को भूलकर एक बच्चे को जन्म देने वाली सोच को भी दरकिनार करने लगे। हम यह भी भूल गए कि यदि मुग़लों और अंग्रेजों के अत्याचारों का शिकार हुए हिन्दुओं के परिवारों में आठ दस बच्चों को जन्म देने वाली जननी नहीं होती तो शायद हम भी नहीं होते। मुग़लों और अंग्रेज़ी शासकों के अत्याचारों की कहानियों को भी हम भूल गए। यदि याद रहा तो मुफ्त में सुविधाएँ पाने की लालसा। मुफ्त में सुविधाएँ पाने की लालसा में हम गुमराह करने वाले नेताओं को प्राथमिकता देते रहे। हमने तो यह भी सोचने की कोशिश नहीं की कि हमें जातपात के भेदभाव में क्यों बाँटा जा रहा है। लेकिन हमने गांधी, नेहरू परिवार की ग़लतियों को अनदेखा केवल अपना वर्चस्व देखा। आज जब हमें भारत की पवित्र धरती पर जन्म लेने वाले प्रधानमंत्री नरेंद्र मोदी का सहयोग मिल रहा है तो भी हम अनदेखा कर रहे है। उनके कुशल नेतृत्व में हिन्दू यदि संगठित नहीं हो पाए तो भविष्य को सुरक्षित समझने की भूल न करें। आज हमारे प्रधानमंत्री नरेंद्र मोदी के आगे विश्वभर के नेता नतमस्तक हैं लेकिन हम उनकी कार्यशैली को जानने का प्रयास करने की बजाए अभी भी मुफ्त में सुविधाएँ बॉटने वाले नेताओं की खोजकर अपना भविष्य दॉव पर लगा रहे हैं। अब फैंसला तो हमें करना होगा। मुगल शासकों और अंग्रेजों की नीतियों पर चलने वाले नेता चाहिए या हिन्दुओं की रक्षा का, भारत को विश्व शक्ति संपन्न देश बनाने का संकल्प लेकर चलने वाले प्रधानमंत्री नरेंद्र मोदी चाहिए। विश्वभर के हालातों को देखते हुए अपने सुरक्षित भविष्य के लिए आने वाले लोकसभा चुनावों को अनदेखा न करें। देशहित में साहसिक निर्णय लेने से हिचकिचाएँ नहीं। जय हिन्द!

केवल कृष्ण वर्मा "कौस्तव टाइम्स "

राष्ट्रीय अध्यक्षः हिन्दू विराट सेना 🙏

ॐ भारतीय जन विकास पार्टी 🙏

(परिणाम) भारत की आज़ादी से एक दिन पूर्व यानि 14अगस्त 1947 की भयंकर काली रात हिन्दू परिवारों द्वारा कैसे भुलाई जा सकती है, जब उनके पड़ौसी परिवारों (मुस्लिम) ने हिन्दुओं को बहला फुसलाकर उनके हथियार अपने कब्जे में लेकर हिन्दुओं की लाशों के ढेर लगा दिए। चारों ओर खून ही खून नज़र आता था। हिन्दुओं को अपनी अपार संपदा को छोड़कर भागने का रास्ता भी नज़र नहीं आता था। सभी रास्तों पर मुस्लमान हथियार लेकर खड़े थे। हिन्दुओं की बहिन बेटियों को सरेआम उठाकर ले जा रहे थे। हर कोई अपने बचाव में लगा था। बिना हथियारों के लड़ना आसान नहीं था। एक समूह बनाकर हिन्दुओं के दुश्मनों का मुक़ाबला करने का साहस भी नहीं बन पा रहा था। हिन्दुओं की लाशों से भरी गाड़ियाँ हिन्दुस्तान की सीमा में प्रवेश कर रही थी। लेकिन हिन्दुओं को बचाने वाला कोई नहीं था। अहिंसा के पुजारी गांधी शायद गहरी नींद में सो रहे थे। पंडित बने नेहरू सत्ता सुख पाने के लिए ललायित थे। मुस्लमानोंं के हितैषी गांधी और नेहरू परिवार हिन्दुओं का नरसंहार होते देखकर भी ऑख, कान और मुँह बंद कर बैठे रहे। भारत की धरती पर आने वाले हिन्दुओं को वापस जाने के लिए बोल दिया गया। हिन्दू कहॉं जाते। मौत का साया उस धरती पर मंडरा रहा था, जहॉं हिन्दुओं ने अपने बचपन को देखा। जवानी की दहलीज़ पर कदम रखने से पहले ही गांधी और नेहरू परिवार की ग़लतियों का आज़ाद भारत हमें मिलने जा रहा था। इस आज़ादी को पाने के लिए अनगिनत भारत माता के वीर सपूतों तथा लोगों को अपनी जान से हाथ धोना पड़ा। जिस आज़ादी की कल्पना हमारे भारत के वीर सपूतों, योद्धाओं, शहीदों ने की थी, वह कल्पना, सोच गांधी और नेहरू परिवार की ग़लतियों के कारण अधूरी ही रही। इन ग़लतियों का परिणाम हम हिन्दू भुगत ही रहे हैं। पिछले अनुभव को देखते हुए भी हम हिन्दू अभी भी सोए हुए हैं। जिन सुविधाओं को पाने की लालसा में हिन्दू खोए हुए हैं, इन्हीं सुविधाओं को पाने के चक्कर में फँसकर हमारे

पूर्वजों को ग़ुलामी स्वीकार करनी पड़ी। वर्षों तक हम गुलाम बने रहे। यदि वर्षों बाद भारत में बदलाव लाने का प्रयास किया जा रहा है तो सभी भारतीयों को हिन्दुस्तानी बनना होगा। एक योद्धा बनना होगा। देशहित में यदि शहीद होना पड़े तो पीछे मुड़कर देखने की कोशिश न करें। यह सोचना कि हमें राष्ट्र हित में विजय प्राप्त करनी है। आज भारत माता के वीर सपूतों के बलिदान की कहानियों को इतिहास की पुस्तकों के अग्रिम पन्नों पर लाने का समय आ चुका है।ताकि हमारे देश की युवा पीढ़ी को ऐशो-आराम की ज़िन्दगी जीने के साथ यह सोचने पर मजबूर होना पड़े कि यह जीवन उनके माता-पिता ने दिया है। भारत माता के वीर सपूतों के बलिदान ने दिया है। आज यदि हमारे देश के प्रधानमंत्री नरेंद्र मोदी यदि देशहित में साहसिक निर्णय ले पा रहे हैं तो इसके पीछे हम हिन्दुओं की बढ़ती संगठन क्षमता है। हमें कोरोना वायरस के दौरान मौत के शिकार हुए उन रिश्तों को भी भूलना नहीं चाहिए, जिनके पास सभी सुख सुविधाएँ उपलब्ध थी। लेकिन जीवन नहीं था। आज विश्वभर के हालातों को देखते हुए हम सभी हिन्दुओं को मुफ्त में सुविधाएँ पाने वालों और बॉटने वालों को यह समझाना होगा कि यदि हम परिश्रम की आदत छोड़ देंगे तो हमारी शारीरिक क्षमता क्षीण हो जाएगी। मुफ्त में सुविधाएँ पाने वाले और बॉटने वाले नेताओं को देशहित नहीं चाहिए। उन्हें तो केवल सत्ता सुख चाहिए। सत्ता सुख पाने की लालसा में घटिया सोच को बढ़ावा देने वाले नेता ही हमारे दुश्मनों का साथ देकर हमारे खून से लाल हो रही धरती को देखकर मगरमच्छों की तरह ऑसू बहा रहे होंगे। आज हमें विश्वशक्ति संपन्न देश बनाने के लिए प्रधानमंत्री नरेंद्र मोदी की कार्यशैली को जानने की कोशिश करनी ही होगी। जय हिन्द!

केवल कृष्ण वर्मा "कौस्तव टाइम्स "

चेयरमैनः करप्पशन एंड क्राइम रिफोर्मस ऑर्गनाइज़ेशन (रजि.)

राष्ट्रीय अध्यक्षः हिन्दू विराट सेना 🙏

ॐ भारतीय जन विकास पार्टी 🙏

(आतंक) हमारा भारत ही नहीं, विश्वभर के देश आतंक के साये में रह रहे हैं। यदि देखा जाए तो आज़ादी के बाद अहिंसा के पुजारी गांधी को विशेष महत्व नहीं दिया जाता तो हमारे भारत की सत्ता कभी भी कांग्रेस सरकार के हाथों में नहीं होती और न ही मुस्लिम परिवार और मुस्लिम नीतियों का समर्थन करने वाले नेहरू कभी प्रधानमंत्री बनते। आज़ादी के बाद कांग्रेस सरकार के नेताओं ने हिन्दुओं को गुमराह किया। हिन्दुओं पर ही अत्याचार किए। गौ-हत्या आंदोलन, आपातकाल का वह समय भी कैसे भुलाया जा सकता है, जब हमारे साधु संत समाज पर गोलियाँ चलवाकर कई साधुओं को मौत की नींद सुला दिया गया। जेलों में ठूँस दिया गया। आपातकाल की घोषणा करके लोगों को जेलों में बंदकर कठोर यातनाएँ दी गई। सन् 1984 से पूर्व पंजाब की धरती पर आतंक के साये में लोग रहने पर मजबूर हुए। हिन्दुओं को बसों से उतारकर गोलियों से भून दिया गया। हमारी बहिन बेटियों का सुहाग छीन लिया गया। लेकिन उस समय की कांग्रेस सरकार ने गांधी के बंदरों की तरह ऑख, कान और मुँह बंद रख कर हिन्दुओं को मरने दिया। आतंकवाद और उग्रवाद ने पंजाब से बंगाल तक अपने पैर पसार रखे थे। जहॉं चाहा, वहीं हिन्दुओं को गोलियों का शिकार बनाया। इनके पकड़े जाने पर भी वर्षों तक जेल में बंद रखकर उन आतंकवादियों, उग्रवादियों को छुड़ाने के रास्ते भी निकाल लिए गए। विश्वभर में आतंक के साये का ही परिणाम है कि हमास के आतंकियों ने इज़रायल में बेक़सूर लोगों पर अंधाधुंध रॉकेटों से हमला कर मौत की नींद सुला दिया। क्या दोष था, उन लोगों का, जिन्हें मौत की नींद सुला दिया गया। लेकिन हमारे भारत के उन नेताओं की भी प्रशंसा करनी होगी जिन्होंने मानवता को भी शर्मसार कर दिया। मुस्लिम वोट बैंक को बनाए रखने के लिए किसी भी विपक्षी नेता ने इज़राइल पर हमास के आतंकी हमले की आलोचना नहीं की। जैसे पंजाब से बंगाल तक हिन्दुओं के मरने पर शौक़ (अफ़सोस) के दो शब्द भी हमारे हिन्दुओं के दुश्मन

नेताओं के मुँह से बाहर नहीं निकलते थे, वही रूख हमारे देशद्रोही विपक्षी नेताओं द्वारा अपनाया जा रहा है। इतना कुछ होने के बाद, देखने के बाद, जानने के बाद भी हिन्दू विपक्षी नेताओं की आलोचना का समय भी नहीं निकाल पाए। हिन्दुओं के संगठित न होने का लाभ हमारे नेता उठा ही रहे हैं। हिन्दुओं की मौत पर चेहरे बदलने वाले अनेकों नेता हमारे बीच मगरमच्छों की तरह ऑसू बहाते हुए चुनाव के दौरान वोट माँगने आ जाते हैं। कहीं वोटरों को रूपये देकर फुसला लिया जाता है तो कहीं सुविधाएँ बॉटकर लोगों को गुमराह करते हुए, लोगों के बीच मनमुटाव पैदा कर वोट बैंक बना लिया जाता है। वोट बैंक की गंदी राजनीति करने वाले नेताओं पर लगाम लगाना हम हिन्दुओं के लिए ज़रूरी है। वरना एक दिन हम हिन्दुओं को भी इज़राइल के लोगों की तरह मौत की नींद सुला दिया जाएगा। हमारी ऑखों के सामने ही हमारी धन दौलत, बड़े आलीशान मकानों पर क़ब्ज़ा हमारे दुश्मनों का होगा। आज विश्वभर के हालातों को देखते हुए हिन्दुओं का विशाल संगठन होना बहुत ही ज़रूरी हो गया है। बच्चों को शिक्षित करने के साथ योद्धा बनाना भी ज़रूरी है। बच्चों को हथियार चलाने की शिक्षा दें। जब कभी हमारे देश पर, हिन्दुओं पर देश के दुश्मनों, आतंकवादियों, उग्रवादियों का हमला हो तो इसका मुँह तोड़ जवाब देने के लिए हम स्वयं तैयार रहें। भारत की सीमाओं पर हमारी सुरक्षा के लिए हमेशा तैयार खड़े रहने वाले बहादुर सैनिकों की तरह देश के भीतरी दुश्मनों का मुक़ाबला करने के लिए हमें अग्रणी रहना होगा। भारत का पुराना इतिहास अपने बच्चों को पढ़ने के लिए दो। भारत माता के वीर सपूतों, योद्धाओं की बहादुरी की कहानियों को बिना समय गँवाए पढ़ने के लिए दें। जय हिन्द!

केवल कृष्ण वर्मा "कौस्तव टाइम्स "

राष्ट्रीय अध्यक्षः हिन्दू विराट सेना 🙏

ॐ भारतीय जन विकास पार्टी 🙏

(ज़िन्दगी) हिन्दुस्तान की आज़ादी के दौरान ना जाने कितनी ज़िन्दगियों को लील लिया गया। ये ज़िन्दगियाँ किसी और की नहीं थी। यह उन हिन्दुओं की ज़िन्दगियाँ थी, जिन्हें यह भी पता नहीं था कि आज़ादी की घोषणा से पूर्व कल सुबह होगी भी या नहीं। यह ज़िन्दगियाँ किसने छीनी? हमारे देश के प्रिय नेताओं गांधी, नेहरू और जिन्ना ने अपने लाभ के लिए छीनी।ये तीनों ऐसे नेता थे, जिन्होंने हिन्दुस्तान का हित नहीं सोचा। हिन्दुस्तान के अन्य नेताओं को दरकिनार कर अपने हित में अंग्रेजों से गुप्त वार्तालाप किए। समझौते किए। जिसका भुगतान हमें आज तक करना पड़ रहा है। महात्मा बने गांधी और नेहरू परिवार ने देशभक्तों को गुमराह किया। हिन्दुस्तान की जनता को सत्ता सुख पाने के लिए गुमराह किया। आज़ादी के बाद यही हमारे देश के सर्वप्रिय नेता बने। जिन्होंने हिन्दुओं की ज़िन्दगी से हमेशा खिलवाड़ किया। गांधी और नेहरू परिवार के दिलों और दिमाग़ में हिन्दुओं की कोई इज़्ज़त नहीं थी और न ही लगाव था। मुगल शासकों द्वारा तोड़े गए हमारे पवित्र मंदिरों का पुनर्निर्माण भी आज़ादी के बाद बाद इसलिए नहीं हो पाया क्योंकि हिन्दुस्तान की सत्ता पर मुस्लिम परिवारों में जन्म लेने वाले, मुस्लिम नीतियों का समर्थन करने वाले गांधी और नेहरू हमारे देश की सत्ता पर विराजमान थे। जातपात को बढ़ावा देकर हिन्दुओं के आपसी रिश्तों को भी तहस नहस कर देने वाले हमारे नेता बने। जिस गांधी को हम अहिंसा का पुजारी गांधी, महात्मा गांधी, राष्ट्रपिता कहते रहे, वह इसलिए क्योंकि हमें वह पुस्तकें, इतिहास पढ़ने को दिया गया, जो वास्तव में सत्य पर आधारित नहीं था। यदि भारत माता की कोख से जन्म लेने वाले हमारे नेता होते तो कभी भी हमारे कश्मीर की धरती पर पाकिस्तान को क़ब्ज़ा नहीं करने दिया जाता। मानसरोवर पर्वत, तिब्बत तथा भारत के बहुत बड़े भूभाग पर पर चीन का क़ब्ज़ा नहीं हो पाता। लेकिन यह हुआ। आज़ादी के बाद पाकिस्तान को भारतीय रूपया देने के लिए दवाब बनाने वाले गांधी को कोई नहीं रोक पाया। सभी हिन्दू नेताओं की ज़ुबान बंद कर दी गई। देशभक्तों को देश छोड़ने के लिए मजबूर किया

गया। लौह पुरुष सरदार वल्लभ भाई पटेल की महानता को दरकिनार कर अपना वर्चस्व स्थापित करने की कोशिश करने वाला परिवार वर्षों तक हमारे भारत की सत्ता पर विराजमान रहा। हिन्दुओं को बोलने नहीं दिया जाता था। हिन्दू तो अपने परिवार का भरण पोषण करने के लिए मेहनत मज़दूरी करके जीवन यापन करने पर मजबूर थे और भारत की सत्ता पर ऐशो-आराम की ज़िन्दगी जीने वाले नेता मौजूद थे। पंडित नाथूराम गोडसे के साहस की सराहना करनी होगी। भारत माता के वीर सपूत ने अपनी जान की परवाह नहीं करते हुए गांधी की ग़लतियों का भारत बनने से रोक लिया। वरना पाकिस्तान की सीमा से हैदराबाद तक भारत के अंदर पाकिस्तान के लोगों के व्यापार के लिए सड़क बनाने की तैयारी हो जाती। हिन्दुओं पर जुल्मों की कहानी को कहीं लिखा नहीं जाता। हिन्दुओं की कम होती आबादी का लाभ उठाने वाले मुस्लिम होते। भारत की पवित्र धरती को देश के दुश्मनों के हाथों से बचाने के लिए हमें भारत माता की कोख से जन्म लेने वाले प्रधानमंत्री नरेंद्र मोदी मिले। प्रधानमंत्री नरेंद्र मोदी ने हिन्दुओं को गर्व से हिन्दू कहने का साहस पैदा कराया। भारत को विश्व शक्ति संपन्न देश बनाने का संकल्प लिया। भारत में चौतरफ़ा विकास होने लगा। मुगल शासकों द्वारा तोड़े गए हमारे पवित्र मंदिरों का पुनर्निर्माण भी होने लगा। चारों धाम यात्रा सुगम हुई।कोरोना वायरस की रोकथाम के लिए विश्वभर में सर्वप्रथम इंजेक्शन उपलब्ध कराया। लेकिन आश्चर्य की बात तो यह है कि प्रधानमंत्री नरेंद्र मोदी की कार्यशैली को जानने की कोशिश हम नहीं करते। आज भी हम हिन्दू संगठित नहीं। हम हिन्दू धन संग्रह करने की कोशिश करते हैं। बहुत बड़े भवनों में रहने की कल्पना करते है। लेकिन यह नहीं सोचते कि हमारे कर्मों का भुगतान भी हमें करना है। यदि हमने देशहित नहीं सोचा तो हमारा भविष्य सुरक्षित कैसे होगा। हमारी कमज़ोरियों का लाभ उठाने वाले नेताओं की कमी नहीं। हमारी ज़िन्दगी को बर्बाद करने वालों की कमी नहीं है। हमारा बचाव तभी होगा, जब हम शक्तिशाली होंगे। हर घर में एक योद्धा होगा। जय हिन्द!

केवल कृष्ण वर्मा "कौस्तव टाइम्स "

राष्ट्रीय अध्यक्षः हिन्दू विराट सेना 🙏

ॐ भारतीय जन विकास पार्टी 🙏

(आश्चर्य) आज़ादी का महोत्सव मनाने वाले हिन्दू यह भी भूल जाते हैं कि हमारे देश भारत को आज़ादी उन देशभक्तों के बलिदान से मिली, जिन्होंने अपने प्राणों की परवाह नहीं की। उनके दिलों में राष्ट्र हित ही सर्वोपरि था। लेकिन आज़ादी के बाद तो हम उन नेताओं का जन्मदिन मनाने लगे, जो वास्तव में हिन्दुओं के खून के प्यासे रहे। हिन्दुओं का नरसंहार होते देखकर भी आँख, कान और मुँह बंद कर बैठे रहे। पंजाब (पाकिस्तान) की धरती पर जब हिन्दुओं के खून से धरती लाल हो रही थी, तो ऐसे समय में हिन्दुस्तान की सत्ता पर विराजमान होने जा रहे नेता चुप क्यों रहे। जिनके कारण लाखों हिन्दू मारे गए। जिसका वर्णन इतिहास की पुस्तकों में कहीं दिखाई नहीं देता। पंजाब हो या बंगाल, कहाँ हिन्दू नहीं मारे गए। किसी भी प्रदेश सरकार या केन्द्र सरकार ने हिन्दुओं के बचे हुए परिवार को आर्थिक सहायता देने का कष्ट क्यों नहीं किया। हिन्दुस्तान की आज़ादी के बाद सत्ता पर विराजमान नेताओं ने केवल अपना वोट बैंक देखा। क्योंकि मुस्लिम परिवारों में जन्म लेने वाले गांधी और नेहरू, हिन्दुओं के हित में कैसे सोच सकते थे। जब मुगल शासक शाहजहाँ को उनके ही पुत्र ने भर पेट खाना देने से मना कर दिया, यहाँ तक कि प्यास बुझाने के पानी देने से भी मना कर दिया, ऐसे मुस्लिम परिवारों में जन्म लेने वाले गांधी और नेहरू हिन्दुओं के रक्षक कैसे बन सकते थे। आश्चर्य की बात तो यह भी है कि हम उन नेताओं का बहिष्कार करने की बजाए उनका जन्म दिन मनाते चले आ रहे हैं, जो हिन्दुओं की बजाए मुसलमानों के सहायक थे, चहेते थे। हिन्दुओं की हत्याओं के लिए ज़िम्मेदार थे। हिन्दू तो हमेशा शांति प्रिय रहेंगे। चाहे आँखों के सामने मौत का तांडव रचा जा रहा हो। जब लाला लाजपत राय जी को अंग्रेजों की लाठियों का शिकार होना पड़ा तो अपने आपको स्वतंत्रता संग्राम के सेनानी कहने वाले गांधी और नेहरू कहाँ थे। जब शहीद भगत सिंह जी और उनके साथियों को फाँसी के फंदे पर लटकाया जा रहा था तो गांधी और नेहरू कहाँ थे। लेकिन हम हिन्दू संगठित

होकर उन नेताओं का बहिष्कार करने की हिम्मत ही नहीं जुटा पाए, जो वास्तव में हिन्दुओं के नेता नहीं थे। मुस्लिम परिवारों में जन्म लेकर मुस्लिम नीतियों के ही समर्थक थे। जोड़ तोड़ की राजनीति में निपुण थे। उन्हीं नेताओं का धूमधाम से जन्मदिन भी मनाया जाता है, जिन्होंने हिन्दुओं को गुमराह किया। हिन्दुओं को जातपात के भेदभाव में उलझाए रखा। हिन्दुस्तान की धरती पर भारत माता के वीर सपूतों का बलिदान भूलकर हिन्दुओं के दुश्मन देशों के सहायक बन बैठे। पाकिस्तान की स्थापना के बाद करोड़ों रूपया पाकिस्तान को देने का क्या औचित्य था। लेकिन यह सब हुआ। क्योंकि हिन्दू अपनी अपार संपदा को छोड़कर हिन्दुस्तान की धरती पर आए थे। हिन्दुओं को चारों ओर मौत नज़र आ रही थी। कहीं ठिकाना भी नहीं था। परिवार के भरण पोषण का कोई साधन उपलब्ध नहीं था। आज़ादी के बाद भी हम गुलाम हैं। क्योंकि ग़ुलामी की दासता अब भी हमारे दिलों में है। इसी कारण हम आज भी अंग्रेजों के चापलूस अहिंसा के पुजारी गांधी का जन्मदिन मनाने की चेष्टा करते हैं। पंडित बने नेहरू का जन्मदिन मनाने की कोशिश करते है। कितने आश्चर्य की बात है कि एक राष्ट्र पुत्र प्रधानमंत्री नरेंद्र मोदी को गालियाँ देने वाले नेताओं का बहिष्कार करने की बजाए चंद सुविधाओं को पाने के लिए हिन्दुओं के नरसंहार के लिए ज़िम्मेदार नेताओं का समर्थन करते हैं। आज़ाद भारत में हमारे हिन्दुओं के पवित्र मंदिरों, धर्म स्थलों का पुनर्निर्माण रोकने का प्रयास करने वाले नेताओं को हम हिन्दू ही अपना शुभचिंतक मानते हैं। आज़ादी के ब़ाद भी हमारे धार्मिक स्थलों पर बने प्रवेश द्वार को तुड़वा देने वाले नेताओं को हम अपना नेता मानने की भूल करते हैं। भारत माता की कोख से जन्म लेने वाले हम हिन्दू भारतीय तभी कहला पाएँगे, जब हम हिन्दू संगठित होकर जातपात के भेदभाव को मिटाकर देशहित में सोचने की क्षमता पैदा करने की कोशिश करेंगे। मुफ्त में सुविधाएँ पाने वाले और बॉटने वालों की खुलकर बहिष्कार करेंगे। मानव सेवा अपनाएँगे, परन्तु हिन्दुओं का विनाश करने की सोच रखने वाले नेता हों या मुफ्त में सुविधाएँ पाकर हिन्दुओं का नरसंहार कराने और करने वालों के दिलों में इतना डर पैदा कर देंगे, जैसा डर भारत माता के वीर सपूतों ने आज़ादी की लड़ाई के दौरान अंग्रेजों के

दिलों में बनाया था। अब बच्चों के दिलों में देशभक्ति की भावना पैदा करें। अच्छे संस्कार दें। भारतीय संस्कृति और संस्कारों को बढ़ावा देने वाली पाठ्य पुस्तकें पढ़ने को दें। हमारा भारत महान बनाएँ। यह संकल्प भी लें कि हम किसी भी हिन्दू को ज़ालिमों के हाथों मरने नहीं देंगे। हम संगठित होकर मुक़ाबला करेंगे। जय हिन्द!

केवल कृष्ण वर्मा "कौस्तव टाइम्स "विकास न्यूज़

ॐ भारतीय जन विकास पार्टी 🙏

(विश्वास) हिन्दुस्तान की आज़ादी के बाद सत्ता पर विराजमान नेताओं ने हिन्दुओं को कभी अपना नहीं माना। आज़ादी की घोषणा के दौरान हिन्दुओं से ग़द्दारी करने वाले ही हमारी कमज़ोरियों का लाभ उठाने वाले नेता बने। वरना लाखों की संख्या में हिन्दू मारे नहीं जाते। आज़ादी के बाद भी हिन्दुओं को दबाए रखने के लिए अंधे क़ानूनों का सहारा लिया जाता रहा। अदालतों में मुस्लिम परिवारों से संबंधित, मुस्लिम नीतियों को अपनाकर न्यायाधीश बने। कांग्रेस सरकार का समर्थन करने वाले न्यायधीश बने। एक आदमी न्याय प्रक्रिया में उलझता चला गया। वर्षों तक तारीख पर तारीख़, लेकिन न्याय नहीं। सत्य की राह में काँटे बिछा दिए गए। धीरे-धीरे भ्रष्टाचार एवं अपराध को बढ़ावा देने वाले ही हमारे नेता बनते चले गए। भारत माता की कोख से जन्म लेने के बावजूद माता-पिता को ही भूल गए। सनातन संस्कृति और संस्कारों को भूल गए। परमपिता परमात्मा को भूल गए। यह सब इसलिए हुआ क्योंकि उन्हें मुस्लिम वोट बैंक चाहिए था। जातपात को बढ़ावा देकर हिन्दुओं को बॉंट दिया गया। जातपात के भेदभाव को मिटाने की बजाए बढ़ता हुआ देखना भी राजनेताओं को पसंद था। कोटा प्रणाली को बढ़ावा दिया जाने लगा। हिन्दू भी सुविधाएँ पाने के लिए ललायित रहने लगे। जिसका लाभ भी नेताओं को मिला। हिन्दू अपनी कमज़ोरियों के कारण बिखरते चले गए। आपसी रिश्तों में मनमुटाव पैदा होने लगा। युवा पीढ़ी विवाह बंधन में बंधने के लिए तैयार नहीं है, क्यों? लव रिलेशन में रह सकते हैं। लेकिन विवाह कर परिवार में बच्चों को जन्म देने से पहले ही अदालत में संबंध विच्छेद का मुक़दमा दायर हो जाता है। रिश्तों में मनमुटाव बढ़ा, खटास बढ़ने लगी। माता-पिता की इच्छाओं को धूमिल करते हुए उनके द्वारा कमाई धन दौलत पर क़ब्ज़ा करने के लिए बहिन भाई में भी आपसी झगड़े बढ़ने लगे। माता-पिता को वृद्धाश्रम में भेजने की तैयारी होने लगी। घरों में टकराव बढ़ने लगा। जब बच्चे ही माता-पिता की ऑंखों में धूल झोंककर रात्रि में समय पर घर

आना ही भूल जाएँगे तो घर, समाज और देश की सुरक्षा का दायित्व किन कंधों पर होगा। जब घर में बड़े बुजुर्गों की परवाह न करते हुए अश्लीलता की सभी हदें पार होने लगेंगी तो विवाह करने की सोच कौन रखेगा। विवाह बंधन में कौन बँधना चाहेगा। अहम की लड़ाई में घर भी तो बर्बाद हो रहे हैं। जिस धन की लालसा में घरों में बिखराव पैदा हो रहा है, इसे रोकने का यदि प्रयास नहीं किया गया तो हम सुरक्षित नहीं रह सकते। हमारा समाज और देश भी सुरक्षित नहीं रह सकता। युवा पीढ़ी को भावनात्मक विचारों को बढ़ावा देने के लिए घरों में बना खाना की आदत बनानी होगी। नशे की आदत पर लगाम लगानी होगी। वरना एक दिन ऐसा आएगा, जब हमारी युवा पीढ़ी के हाथों में हथियार उठाने की क्षमता भी नहीं होगी। हमारे देश के भीतरी दुश्मनों का मुक़ाबला करना आसान नहीं होगा। खून की नदियाँ बह रही होंगी। भारत माता की ऑंखों से बह रही अश्रुधारा को रोकने के लिए अपना कोई नहीं होगा। बदलाव तो हमें लाना ही होगा। यदि बदलाव नहीं ला पाए तो सन् 1947 में हिन्दुओं के कत्लेआम की याद ताज़ा हो उठेगी। 15अगस्त सन् 1947 हिन्दुस्तान की आज़ादी की घोषणा से पूर्व की रात का दृश्य हमारे बुजुर्गों ने देखा। वैसी काली रात हमें देखनी न पड़े, इसके लिए तैयार रहना होगा। प्रधानमंत्री नरेंद्र मोदी की कार्यशैली को जानना होगा। अगले वर्ष यानि 2024 में होने वाले लोकसभा चुनावों में मुफ्त में सुविधाएँ पाने की लालसा का त्यागकर केवल देश हित की सोचें। जातपात के भेदभाव को मिटाकर भारतीय बनने की ओर कदम बढ़ाएँ, जहॉं हिन्दू राष्ट्र का सपना साकार हो सके। जय हिन्द!

केवल कृष्ण वर्मा "कौस्तव टाइम्स "विकास न्यूज़

राष्ट्रीय अध्यक्षः हिन्दू विराट सेना 🙏🙏

ॐ भारतीय जन विकास पार्टी 🙏

(शक्ति) भारतीय इतिहास के उन पन्नों को पढ़ने की कोशिश करें, जिनमें भारत माता की रक्षा के लिए, हिन्दू धर्म की रक्षा के लिए अपने प्राणों का त्याग करने वाले देशभक्तों की अमर कहानियाँ हैं। लेकिन हिन्दुस्तान की आज़ादी के बाद तो सब कुछ बदलता ही चला गया। आज़ादी की घोषणा की पूर्व रात्रि में हिन्दुओं के खून से धरती लाल होती रही और अंग्रेजों के चापलूस बनकर देशभक्तों को, जनता को गुमराह करने वाले गांधी और नेहरू परिवार हमारे देश के नेता बनकर ऑख, कान और मुँह बंदकर सब कुछ देखते हुए भी हिन्दुओं को बचाने के लिए सेना या पुलिस नहीं भेज पाए। यह उनकी कमजोरी कहेंगे या दूरदर्शिता। यदि हिन्दू गांधी और नेहरू परिवार की कमियों, ग़लतियों को समय रहते जान जाते तो कभी भी अपने हथियार पाकिस्तानी मुस्लमानों के हाथों में नहीं सौंपते। यदि पंजाब में हिन्दू मारे गए तो अहिंसा के पुजारी गांधी जब बंगाल में थे, तो वहॉं भी हिन्दुओं से हथियार जमा करने के लिए कहा गया और गांधी की मुस्लिम नीतियों का शिकार हिन्दू बने। लाशों के ढेर लगे। हिन्दुओं की कम होती आबादी का लाभ उठाने का प्रयास किया जाता रहा। हम दो हमारे दो का नारा गांधी और नेहरू परिवार के लिए लाभदायक रहा। गांधी और नेहरू परिवार का यह सपना साकार होता रहा कि हिन्दू कभी संगठित न हो पाएँ।हिन्दू मारे जाते रहें। इसीलिए आतंकवादियों और उग्रवादियों को बढ़ावा दिया जाता रहा। आज़ाद भारत की धरती पर कदम रखने से पूर्व भी हिन्दुओं की लाशों के ढेर लगे और आज़ादी के बाद भी हिन्दुओं का नरसंहार कराने में अहम भूमिका गांधी और नेहरू परिवार की ही थी। पंजाब की वह धरती, जिस पर हिन्दू धर्म की रक्षा करने वाले अनेकों भारत माता के वीर सपूतों ने जन्म लिया, वह धरती पाकिस्तान को देने से पूर्व यह भी नहीं सोचा गया कि इसका परिणाम क्या होगा? आज़ाद भारत में पंजाब की धरती पर गांधी और नेहरू परिवार के इशारे पर खालिस्तान की मॉंग को बढ़ावा देने वालों ने कभी पाकिस्तान में खालिस्तान बनाने की मॉंग नहीं

की, जिस धरती पर सिख समुदाय को जन्म देने वाले गुरूओं ने जन्म लिया। आज कनाडा में भी वही हालात बनाने की कोशिश की जा रही है, जो हालात सन् 1984 से पूर्व पंजाब में थे। आज़ादी के बाद सिख और हिन्दू परिवारों में आई दरार को जन्म देने वाले चाचा नेहरू ही थे। आज भी हमारे देश को तोड़ने की कोशिश करने वाले नेताओं की फ़ौज इंडिया गठबंधन बनाकर हिन्दुओं को गुमराह करने की कोशिश कर रही है। हिन्दुओं को मरवाने की हमेशा साज़िश रचने वाले गांधी और नेहरू परिवार पर भरोसा कैसे और क्यों किया जाता है। आज़ादी के बाद अपनी अपार संपदा पाकिस्तान में छोड़कर आए हिन्दुओं ने मेहनत मज़दूरी करके अपने परिवार का भरण पोषण किया। लेकिन आज एक या दो बच्चों को जन्म देने वाले माता-पिता अपने परिवार का भरण पोषण क्यों नहीं कर पाते। मुफ्त में सुविधाएँ पाने वाले यह क्यों नहीं सोचते कि हमारी कमज़ोरियों के कारण ही हमें गुलाम बनाया जाता रहा। जब मेहनत मज़दूरी करके कमाने की आदत ख़त्म होती जाएगी तो हमारी शारीरिक क्षमता अपने आप ही कम होती चली जाएगी। तब हमारी सुरक्षा का दायित्व किन कंधों पर होगा । मुफ्त में सुविधाएँ पाने वालों के यहाँ कभी योद्धा पैदा नहीं होंगे। जैसा अन्न वैसा मन, वाली कहावत यहाँ चरितार्थ होती है। जब बिना परिश्रम किए मुफ्त में सुविधाएँ पाने की आदत बन जाएगी तो हमारे परिवार के सदस्य हमसे भिन्न कैसे हो सकते हैं। सुविधाएँ पाने के कारण एक दिन वे भुखमरी के शिकार होंगे और वही बच्चे आतंकवादियों, उग्रवादियों का सहारा बनने की कोशिश करेंगे। क्योंकि हमारे देश के अनेकों देशद्रोही नेता वोट बैंक बनाने के लिए कैसी भी राजनीति करने में सक्षम हैं। एक बार फिर हिन्दुस्तान की धरती पर जयचंद पैदा होंगे। जो अपने होकर भी अपने नहीं होंगे। वे देशद्रोही नेताओं के हाथों की कठपुतली बने होंगे। हमारे खून से धरती लाल हो रही होगी। हम असहाय होंगे। हमारी आँखों के सामने मृत्यु का साया मंडराता दिखाई देगा। हमारी शारीरिक क्षमता क्षीण होती चली जाएगी। वह शक्ति कहाँ से आएगी, जो हमारे देश और धर्म के रक्षकों में होती थी। आज़ादी के वर्षों बाद भी हम अपनी सुरक्षा का इंतज़ाम नहीं कर पाए। मकान, कोठियाँ बना ली लेकिन यह कभी नहीं सोचा कि यदि आज़ादी के दौरान हमारे ही

परिवारों के पास यदि हथियार होते तो हमारे दुश्मनों के हाथों मौत का शिकार नहीं बनते। हमारी बहिन बेटियों की इज़्ज़त को बचाया जा सकता था। आज़ादी के दौरान तो हमारे परिवार में आठ दस बच्चों को जन्म देने वाली जननी थी, उस जननी की कोख से पैदा होने वाले बच्चे युवा होकर योद्धा बन सकते थे, सुरक्षा का दायित्व अपने कंधों पर उठाने की क्षमता भी रखते थे। लेकिन आज जब विश्वभर में आतंक का साया बढ़ता ही जा रहा है तो हम अपनी सुरक्षा भी कैसे कर पाएँगे। अब तो एक बच्चे को जन्म देने वाली जननी अपने ही बच्चे को घर की मेड के सहारे छोड़कर अपने ऐशो-आराम के साधन खोजती है। सुबह से शाम तक अपने ही बच्चे को ऑखों से ओझल रखती है। जिस बच्चे को एक मॉ जन्म देकर पाल नहीं सकती, उच्च विचार नहीं दे सकती, बच्चों को देशभक्तों की वीर गाथाएँ नहीं सुना सकती, सनातन संस्कृति और संस्कारों से ओतप्रोत नहीं कर सकती, वह मॉ अपने ही बच्चे को बुढ़ापे का सहारा कैसे मान सकती है। कैसे अपनी सुरक्षा का दायित्व अपने बच्चे के कंधे पर डाल सकती है। जब तक किसी भी परिवार में एक बच्चे को जन्म देने के बाद दूसरा बच्चा नहीं, इस सोच को बदला नहीं जाएगा, हम सुरक्षित नहीं रह सकते। हमें जनसंख्या को बढ़ावा देना ही होगा। अपनी सुरक्षा के लिए हथियार ख़रीदने ही होंगे। शारीरिक क्षमता को योग द्वारा, मेडीटेशन कर बढ़ाना होगा। अध्यात्मिक विचारों को बढ़ावा देना होगा। परिवार, समाज और देश की सुरक्षा का दायित्व भी अपने कंधों पर उठाने के लिए तैयार रहना होगा। समय की बर्बादी न करें। अपने आपको शक्तिशाली बनाएँ। प्रधानमंत्री नरेंद्र मोदी के हर कदम की प्रशंसा करें। मुफ्त में सुविधाएँ पाने वालों को भी यह बात समझाएँ कि मुफ्त का खाना छोड़कर मेहनत मज़दूरी करके जीवन यापन करें। यही हमारी सच्ची देशभक्ति होगी। हमारी पवित्र धरती पर खून की नदियाँ बहाने का किसी भी दुश्मन को मौक़ा नहीं मिलेगा। हम एक संयुक्त परिवार की तरह रह पाएँगे। जय हिन्द!

केवल कृष्ण वर्मा "कौस्तव टाइम्स "विकास न्यूज़

ॐ भारतीय जन विकास पार्टी

(परिवार) हिन्दुस्तान की आज़ादी से पूर्व भी हमारा परिवार था और आज़ादी के बाद भी परिवार है। लेकिन आज़ादी के बाद जो बदलाव देखने को मिल रहा है, वह हमारे भविष्य के लिए ठीक नहीं है। हमारे बिखरते परिवार हमारे सुरक्षित भविष्य के लिए दुखदाई होंगे। यह निश्चित है। आज हमारे ही परिवार की युवा पीढ़ी हमारे बुढ़ापे का सहारा नहीं बन सकती। युवा होते ही उनकी सोच बदल जाती है। माता पिता का सहारा छिन जाता है। बुढ़ापे का सहारा ही हमें वृद्धाश्रम भेजने के लिए बहाने खोजता है। माता-पिता की मेहनत की कमाई को, ज़मीन जायदाद को क्षणभर में मगरमच्छों की तरह ऑंसू बहाकर ले जाने की कोशिश करते हैं। माता-पिता अपने बच्चों की ऑंखों में ऑंसू देख नहीं पाते और विवश होकर सब कुछ देने पर मजबूर हो जाते हैं। हमारी वोट से बनी सरकार भी सीनियर सिटिज़न को सुविधाएँ उपलब्ध कराने में असफल हो जाती हैं। सीनियर सिटिज़न को सुविधाएँ देने के लिए बजट से पूर्व की गई घोषणा करने वाली सरकार के नेता आख़िर मे बजट में सुविधाएँ देना भूल जाते हैं। जिस सरकार को वर्षों तक टैक्स दिए, वह सरकार भी बुढ़ापे का सहारा नहीं बनती। वृद्धाश्रम में बूढ़ी ऑंखों से निकल रहे आंसुओं को देखना वाला भी कोई नहीं होता। आज़ादी से पूर्व गाँवों में खेती पर निर्भरता थी। अब तो खेत खलिहान भी सूखते जा रहे हैं। खेतों में पानी देने वाला भी अपना नहीं रहा। विश्वभर में आ चुके बदलाव को रोकना आसान तो नहीं है, लेकिन प्रयास तो किए जा सकते हैं। छोटी उम्र के बच्चों को संध्या समय अपने पास बिठाकर भजन कीर्तन कर सकते हैं। उन बच्चों को देशभक्तों की बहादुरी की कहानियों को सुना सकते हैं। बच्चों में देशभक्ति की भावना बना सकते हैं। एक संयुक्त परिवार की परिभाषा भी समझा सकते हैं। सनातन संस्कृति और संस्कारों से ओतप्रोत कर सकते हैं। जब हम अपने हिन्दू धर्म से संबंधित पुस्तकें पढ़ने के लिए उन बच्चों को देंगे तो हमारा भविष्य अंधकारमय होने से बच सकता है। जब तक हमारा संयुक्त परिवार बना

रहेगा, हमारा परिवार, हमारा समाज और देश सुरक्षित रहेगा। अश्लीलता की सभी हदें पार करने वाली युवा पीढ़ी पर लगाम लगेगी। शरीर को ढक कर चलने की आदत बनेगी। अश्लीलता से भरी फ़िल्मी दृश्यों, सीरियल, विज्ञापनों पर रोक लगेगी। हमारे बीच बढ़ रहे वैमनस्य पर रोक लगेगी। हम दुर्भावनाओं का शिकार नहीं होंगे। विपतियॉ हमसे कोसों दूर होंगी। कोरोना वायरस के दौरान हम सभी ने देखा कि मृत शरीर को अग्नि देने से अपने ही पीछे हट रहे थे। मृत शरीर से निकली आत्मा को शांति कैसे मिलेगी, जब अपने ही दूर होगे। हमें अपनी संगठन क्षमता को भी बढ़ाना ही होगा। आज हमारे देश के राष्ट्र पुत्र प्रधानमंत्री नरेंद्र मोदी भारतवासियों का हिन्दू राष्ट्र का सपना साकार करने के लिए प्रयासरत हैं। लेकिन हम उनके कुशल नेतृत्व में हिन्दू राष्ट्र के लिए किए जा रहे प्रयासों को जन जन तक नहीं पहुँचा सकते। देशद्रोही नेताओं की फ़ौज को तब तक हम खदेड़ नहीं सकते, जब तक हमारा हिन्दू संगठन मज़बूत नहीं होगा और हम हिन्दू राष्ट्र के प्रति समर्पित नहीं होंगे। हमें दृढ़ संकल्पों के साथ देशहित में आगे बढ़ना है। जय हिन्द!

केवल कृष्ण वर्मा "कौस्तव टाइम्स "विकास न्यूज़

ॐ भारतीय जन विकास पार्टी 🙏

(बदलाव) हिन्दुस्तान की आज़ादी के बाद जो इतिहास पढ़ाया जाने लगा, इसमें मुगल शासकों और अहिंसा का पुजारी गांधी की महानता की व्याख्या अधिक दिखाई पड़ी। लेकिन ये तो हिन्दुओं के कत्ल, नरसंहार के लिए ज़िम्मेदार थे। फिर महान क्यों? अंग्रेजों को भारत छोड़ने के लिए भारत माता के वीर सपूतों ने अपने प्राणों की परवाह नहीं करते हुए अंग्रेजों के दिलों में इतना डर पैदा कर दिया था कि अंग्रेजों को भारत छोड़ना उनकी विवशता थी। अंग्रेज़ों का पता चल चुका था कि भारत के शेर अब उन्हें चैन से रहने नहीं देंगे, मरने भी नहीं देंगे। लेकिन इस दौरान अंग्रेजों को भारत की ही धरती पर गांधी और नेहरू परिवार मिल गया। अंग्रेजों ने अपना हित साधने के लिए गांधी को राष्ट्रपिता बनाया, महात्मा गांधी बनाया, अहिंसा का पुजारी गांधी बनाया और देशभक्तों की गुप्त वार्तालाप को अंग्रेजों तक पहुँचना आसान होता चला गया। डरे सहमें अंग्रेजों को भारत की धरती पर वर्षों तक रहने का अवसर मिल गया। भारत माता के वीर सपूतों को अंग्रेजों की लाठियों का शिकार होना पड़ा। कहीं गोलियों का शिकार होना पड़ा, काला पानी की सजा दी गई, कठोर यातनाओं से प्रताड़ित किया गया। लेकिन भारत माता के वीर सपूत अंग्रेजों के आगे नतमस्तक नहीं हुए। जबकि अंग्रेजों के चापलूस बनकर देशभक्तों को गुमराह कर अनगिनत सुविधाएँ पाने वाले गांधी और नेहरू परिवार अंग्रेजों की नज़र में महान बने रहे। इसका लाभ भी गांधी और नेहरू परिवार को मिला। सत्ता सुख भोगने का अवसर मिला। लेकिन देशभक्तों को आज़ादी के बाद सत्ता के नज़दीक आने का अवसर नहीं दिया गया। गांधी का भीतर से अमर प्रेम पाकिस्तान के नेताओं के साथ होने के कारण देशभक्त भारत माता के वीर सपूत पंडित नाथूराम गोडसे की गोलियों का शिकार होना पड़ा। मृत्यु लोक में जाना पड़ा। लेकिन गांधी की महानता दिखाने के लिए उनकी समाधि भारत की राजधानी में बनाई गई और उत्तरप्रदेश में भी बनाई गई। हिन्दुओं को तो हमेशा गुमराह ही किया जाता रहा। हिन्दुओं को भयभीत बनाए रखा गया। हिन्दुओं के नरसंहार के लिए आतंकवादियों, उग्रवादियों को बढ़ावा

दिया गया। लेकिन हिन्दू अपनी सुरक्षा के लिए कभी संगठित नहीं हुए। अपनी मौत को स्वीकार करते रहे, लेकिन कांग्रेस सरकार को उखाड़ने की हिम्मत पैदा नहीं कर पाए। भ्रष्टाचार एवं अपराध को बढ़ावा देने वाले नेताओं की फ़ौज बढ़ने लगी। भारत की सत्ता पर ऐसे नेता विराजमान होने लगे, जिन्हें अपने धर्म, अपने कर्मों की चिन्ता नहीं थी। राष्ट्र से भी प्रेम नहीं था। लेकिन ऐसे नेता अपना वोट बैंक बनाए रखने के लिए मुफ्त में सुविधाएँ बॉटने की घोषणाएँ करते रहे। हिन्दू इन सुविधाओं को पाने के लिए ललायित रहने लगे। इन नेताओं को भी वर्षों तक सत्ता पर विराजमान रहने का अवसर मिला। लेकिन जब विवश होकर हिन्दू जाग्रत हुए तो हिन्दुओं को प्रधानमंत्री नरेंद्र मोदी मिले। उनके कुशल नेतृत्व में हिन्दू अपने आपको गर्व से हिन्दू कहने लगे। भारत को नई दिशा मिली। चारों ओर विकास होने लगा। यहॉं तक चन्द्रमा मिशन को सफल बनाकर विश्वभर में नया इतिहास रच दिया। जी-20सम्मेलन कर विश्वभर के नेताओं को आचंभित कर दिया। भारत की महिमा के गुण गाए जाने लगे। भारत को महान देश माना जाने लगा। आज विश्वभर के नेता हमारे प्रधानमंत्री के आगे नतमस्तक हैं। प्रधानमंत्री नरेंद्र मोदी को मिलने के लिए उत्सुकता बनाए रखते हैं, क्यों? आज हम सभी जानते हैं कि प्रधानमंत्री नरेंद्र मोदी को भारत माता से प्रेम है। हिन्दू राष्ट्र से प्रेम है। देशभक्ति है। हिन्दुत्व से प्रेम है। यहॉं तक कि भारत ही नहीं विश्व कल्याण के लिए समर्पित हैं। उनका उद्देश्य भारत को विश्व शक्ति संपन्न देश बनाना है। लेकिन हिन्दुओं के हित में, देशहित सोचने वाले प्रधानमंत्री नरेंद्र मोदी को भी यदि चुनावों में हमारी वोट की ओर देखना पड़े तो यह हमारे लिए उचित नहीं। हमें तो स्वयं उनके कुशल नेतृत्व को स्वीकार करना होगा और उन भारतवासियों को भी कराना होगा, जो अपने सुरक्षित भविष्य की चिंता को छोड़कर चंद सुविधाओं को पाने की लालसा बनाए हुए हैं। जिन्हें राष्ट्र से प्रेम नहीं, उन्हें भी राष्ट्र प्रेम सिखाना होगा। हमें विशाल भारत का सपना साकार करना है। भारत को हिन्दू राष्ट्र बनाना है तो आगे बढ़िए। प्रधानमंत्री नरेंद्र मोदी के कुशल नेतृत्व को ही स्वीकार कीजिए। जय हिन्द!

केवल कृष्ण वर्मा "कौस्तव टाइम्स "विकास न्यूज़

ॐ भारतीय जन विकास पार्टी

(अपमान) हिन्दुस्तान की आज़ादी की चाहत में भारत माता के वीर सपूतों के बलिदान को भुलाकर,इतिहास की पुस्तकों में उनकी बहादुरी का वर्णन, परिचय गायब कर अकबर महान बताकर हिन्दुओं को गुमराह करने वाले नेता गांधी और नेहरू की महानता को दिखाने के लिए मुस्लिम नीतियों को बढ़ावा देने वाले हमारे शिक्षा मंत्री बनाए जाते रहे। गुरूकुल जैसे- शिक्षा केन्द्र बंद करा दिए गए, ताकि बच्चों को सनातन संस्कृति और संस्कार न मिल सकें। हिन्दू परिवारों में जन्म लेने वाले योद्धा न बन सकें। उनमें देशभक्ति की भावना न बन सके। भारत में अंग्रेज़ी सभ्यता और संस्कारों को बढ़ावा दिया जाने लगा। इसका परिणाम यह हुआ कि युवा पीढ़ी के बच्चे विदेशी धरती पर जाकर बसने लगे। विदेशी संस्कारों को अपनाकर अपने ही बच्चे परिवार से दूर होते चले गए। बुढ़ापे में आँखों से निकल रहे आँसुओं को हाथ से पोंछने वाला भी कोई नहीं रहा। आँखों से अश्रुधारा बहते बहते आँखों से चमक गई और बुढ़ापे में शरीर ढलता ही चला गया। कब आँखें बंद हुई, पता ही नहीं चला। यमराज के दूत मृतक शरीर से आत्मा को लेकर चल पड़े। लेकिन बिस्तर या ज़मीन पर पड़े मृत शरीर को अंतिम संस्कार के लिए लेकर चलने वाले अपने परिवार के सदस्य नहीं थे। हमारे भारत की तस्वीर बदलती चली गई। अपने ही देश में हमें पराया बनाने की तैयारी होने लगी। मौत का मंडराता साया देखकर हमारी अपनी ही ज़मीनों पर नजायज क़ब्ज़े देखकर भी चुप रहना पड़ा। धीरे-धीरे वहाँ कम होती आबादी के कारण वह मकान, जिसमें हमारे पूर्वज भी रहे, इसे भी छोड़कर कहीं अन्य जगह पर जाकर रहने पर मजबूर होने लगे। लेकिन आज़ाद भारत की सत्ता पर विराजमान गांधी और नेहरू परिवार के नेता , जिन्हें मुस्लिम नीतियाँ, अंग्रेज़ी सभ्यता पसंद थी, हम हिन्दुओं को गुमराह करते हुए वर्षों तक भारत को उन्नति के शिखर पर पहुँचाने में असमर्थ रहे। हमारे देश के उच्च कोटि के विद्वानों, वैज्ञानिकों को अपना ही देश भारत छोड़ने पर मजबूर होना पड़ा। कई मौत के शिकार हुए। वक़्फ़ बोर्ड बनाकर हिन्दुओं की ज़मीन जायदाद पर क़ब्ज़ा करने वाले मुस्लिमों

को प्रमुखता देने के लिए क़ानून में बदलाव लाए गए। यहाँ वोट बैंक की राजनीति खेलने वाले अनेकों नेता पैदा होने लगे, जिन्हें राष्ट्र भक्ति देखना, सुनना पसंद नहीं रहा। भारत माता की कोख से जन्म लेने वाले ही हिन्दुओं के दुश्मन बनने लगे। अयोध्या में श्रीराम मंदिर निर्माण को रोकने के लिए निहत्थे सेवकों पर गोलियाँ चलाई गई। भारत की सुप्रीम कोर्ट के दरवाज़े उन देशद्रोही नेताओं के वकीलों के लिए खोल दिए गए, जो हिन्दुओं को नीचा दिखाने के लिए जन्म देने वाली अपनी माँ की कोख को भी भूल गए। गिरगिट की तरह रंग बदलने वाले नेताओं ने केवल अपने वर्चस्व की सोच को बढ़ावा दिया। हिन्दू होते हुए भी सफ़ेद टोपी पहनकर नमाज़ अदा करने वाले नेताओं की कमी नहीं रही। ऐसे नेताओं द्वारा चेहरे का रंग बदलने में देर कैसे लग सकती है। आज़ादी के बाद यही सब कुछ देखने को मिल रहा है। आज अधिकतर नेता वे लोग बनते हैं, जिनमें देश के प्रति वफ़ादारी नाममात्र होती है। विदेशों में जाकर अपने ही देश भारत के प्रति गंदगी घोलते हैं। क्या लोकसभा और राज्यसभा में किसी भी विपक्षी नेता ने हिन्दुओं के हित में आवाज़ उठाई। हिन्दू राष्ट्र बनाने के लिए आवाज़ कहाँ से निकलेगी। हमारे पवित्र धार्मिक स्थलों, परमपिता परमात्मा के प्रति श्रद्धा भावना न रखकर अशुद्ध विचारों को बढ़ावा देने वाले हमारे नेता कैसे बन जाते हैं, यह हमें सोचना होगा। अब हमें इतिहास के उन पन्नों को भी हटाने का प्रयास करना होगा, जिन पन्नों पर अकबर महान, गांधी और नेहरू परिवार महान के चित्र हों या विवरण हों। हिन्दुओं के नरसंहार के लिए ज़िम्मेदार नेताओं और परिवार को हम अपना कैसे मान लेते हैं। हिन्दुओं के दुश्मन नेताओं के कारण पंजाब से बंगाल तक मारे गए हिन्दुओं का विवरण कहीं नहीं मिलेगा। हिन्दू संगठित होकर, जातपात के भेदभाव को मिटाकर जब तक हिन्दुओं के दुश्मन नेताओं का बहिष्कार नहीं करेंगे तब तक हिन्दू सुरक्षित रहने की सोच कैसे बना सकते हैं। इसलिए हिन्दू राष्ट्र की माँग न करने वाले नेताओं का खुलकर बहिष्कार करें।

प्रधानमंत्री नरेंद्र मोदी की कार्यशैली को जानने की कोशिश करें। भारत महान बनाना है तो आगे बढ़ें। जय हिन्द!

केवल कृष्ण वर्मा "कौस्तव टाइम्स "विकास न्यूज़

ॐ भारतीय जन विकास पार्टी 🙏

(शक्ति) भारत विश्व शक्ति संपन्न देश था और है। यदि विश्वास नहीं हो तो इतिहास की पुरानी पुस्तकों को पढ़ने की कोशिश करें। हमारे देश के तिरंगे झंडे में अशोक चक्र हम देखते ही हैं। सम्राट अशोक का साम्राज्य बांग्लादेश से अफगानिस्तान तक फैला हुआ था। लेकिन धीरे-धीरे हमारा भारत सुकड़ता चला गया। विदेशी आतंकी हमारे देश की अपार संपदा को लूटकर ले गए। हमारे पवित्र हिन्दू मंदिरों में लगा सोना चाँदी लूट कर इन्हें खंडित कर दिया। मुगल शासकों द्वारा तोड़े गए हमारे पवित्र मंदिरों का पुनर्निर्माण नहीं हो पाया। अंग्रेजों से मुक्ति पाने के बाद आज़ाद भारत की धरती पर, सत्ता पर विराजमान नेता गांधी और नेहरू परिवार हम हिन्दुओं के कभी नहीं बन पाए। मुस्लिम परिवारों में जन्म लेकर मुस्लिम नीतियों को अपनाकर चलने वाले नेता हिन्दुओं के रक्षक कैसे बन सकते थे। उन्हें अपना मुस्लिम वोट बैंक बनाए रखना था। हिन्दुओं में संगठन क्षमता का अभाव हमेशा दिखाई दिया। वास्तविकता से कोसों दूर हम हिन्दू रहे। देश के दुश्मनों का मुक़ाबला करने की हिम्मत नहीं जुटा पाए। गांधी और नेहरू परिवार की मनोदशा को समझना इतना आसान नहीं था। हिन्दुओं को गुमराह करते हुए जातपात में बॉटकर, अपना उल्लू सीधा करने वाले हमारे नेता बने। हम उन वीरों, योद्धाओं, देशभक्तों को भी भूल गए, जिन्होंने कठोर यातनाएँ सहकर भी अंग्रेजों के आगे नतमस्तक होना नहीं सीखा। हमें आज़ादी के बाद जो पुस्तकें पढ़ने को मिली, इनमें सत्य को छुपाए रखा गया, हिन्दुओं के हत्यारे मुगल शासकों को महान बताकर हम हिन्दुओं का हृदय परिवर्तन कराया गया। जब वर्षों बाद हिन्दुओं को गुमराह करने वाले नेताओं की सत्यता का पता चला तो हमें भारत माता की ही कोख से जन्म लेने वाले प्रधानमंत्री नरेंद्र मोदी मिले। प्रधानमंत्री नरेंद्र मोदी ने हिन्दुओं को गर्व से हिन्दू कहने का साहस पैदा कराया। भारत में जी-20 सम्मेलन को सफल बनाकर विदेशी नेताओं को यह एहसास करा दिया कि भारत विश्व शक्ति संपन्न देश है। आज विदेशी नेता भारत के

प्रधानमंत्री नरेंद्र मोदी के कुशल नेतृत्व के कारण नतमस्तक हो रहे हैं। आज़ादी के बाद सत्ता पर विराजमान गांधी और नेहरू परिवार के नेता हमेशा विदेशी नेताओं के आगे नतमस्तक रहे। हमारे भविष्य को अंधकारमय बनाने के लिए सभी व्यवसाय हमारे दुश्मनों ने सँभाल लिए। अमेरिका और चीन पर निर्भर रहने लगे। लेकिन अब प्रधानमंत्री नरेंद्र मोदी के कुशल नेतृत्व में उद्योगों को बढ़ावा मिलने लगा है। देश की अर्थव्यवस्था में सुधार देखने को मिल रहा है। हमें प्रधानमंत्री नरेंद्र मोदी के कुशल नेतृत्व में भारत के विकास में अग्रणी भूमिका को निभाने का प्रयास करना होगा। विशाल भारत का सपना साकार करने के लिए हमारे देश को योद्धा पैदा करने होंगे। यह तभी संभव होगा, जब युवा पीढ़ी अपने ऐशो-आराम की ज़िन्दगी जीने के लिए बच्चों को जन्म देने में आनाकानी न करे। विवाह योग्य उम्र निकलने से पहले ही विवाह बंधन में बंधने के लिए तैयार रहे। भ्रूण हत्या पर प्रतिबंध लगाना होगा। परिवार नियोजन की बजाए अब परिवार को बढ़ावा देने की प्रक्रिया अपनानी होगी। जय हिन्द।

केवल कृष्ण वर्मा "कौस्तव टाइम्स "विकास न्यूज़

केवल कृष्ण वर्मा

ॐ भारतीय जन विकास पार्टी 🙏

(उजाला) भारतीय लोकतंत्र में सुविधाएँ पाकर हम उस उजाले को भी भूल गए, जिस उजाले से पहले सन् 1947 की वह काली रात पाकिस्तान बनने की थी। इस दिन को कैसे भुलाया जा सकता है। 14अगस्त 1947 को जब गांधी और नेहरू परिवार की साज़िशों का शिकार हमारा भारत बना। भारत को दो टुकड़ों में विभाजित करा दिया गया और पंजाब (पाकिस्तान) की वह धरती, जिस पर लाखों लोगों ने भारत माता को अंग्रेजों की ग़ुलामी की ज़ंजीरों से मुक्ति दिलाने के लिए किसी भी बलिदान के लिए तैयार थे, इस धरती को हिन्दुओं के खून से लाल होना पड़ा। भारत माता के वीर सपूतों के बलिदान को भी भुला दिया गया। भारत को आज़ादी मिली, देश के उन वीर सपूतों के बलिदान से, जिन्होंने अपने प्राणों की परवाह नहीं की। लेकिन आज़ादी मिलते ही सत्ता पर विराजमान वे नेता हुए, जिनका सहयोग अंग्रेजों को मिलता रहा। अंग्रेजों के चापलूस बनकर देशभक्तों को मरवाया। देशभक्तों को कठोर यातनाएँ दिलाई। भारत माता को अंग्रेजों की ग़ुलामी की ज़ंजीरों से मुक्ति दिलाने वाले वीर देशभक्त सपूतों ने तो वह उजाला भी नहीं देखा, जिस दिन भारत माता को अंग्रेजों की ग़ुलामी की ज़ंजीरों से मुक्ति मिली। आज़ादी के बाद का इतिहास तो हम सभी हिन्दुओं ने देखा। पंजाब से बंगाल तक हिन्दू मारे जाते रहे। लेकिन हिन्दू संगठित होकर हिन्दुओं के नरसंहार में सहायक की भूमिका निभाने वाले देशद्रोही नेताओं को हिन्दुस्तान से बाहर खदेड़ने का प्रयास नहीं कर पाए। हमारी आँखों के सामने ए.के. 47 से गोलियों की बौछार होती रही। हिन्दुओं के खून से धरती लाल होती रही। हिन्दुओं की आँखों के सामने मौत का साया देखकर अंधेरा छाया रहा। लेकिन मरने से पहले हाथों में हथियार उठाने की क्षमता पैदा नहीं कर सके। आज भी हम हिन्दू संगठित नहीं हो सकते। हाथों में हथियार नहीं उठा सकते। हम हिन्दू तो अब भी यह सोचकर चलते हैं कि हमारा कोई क्या और क्यों बिगाड़ेगा। लेकिन यह क्यों नहीं सोचते कि मुगल शासकों के दौरान जब हिन्दू मारे जाते

रहे तो तब उन हिन्दुओं का क्या दोष था। अंग्रेजों की गोलियों का शिकार होने वाले हिन्दुओं का क्या क़सूर था। लेकिन हिन्दुओं को तो मरने की आदत बन चुकी है। कभी साहस जुटाकर अपने दुश्मनों का मुक़ाबला करने के लिए हथियार नहीं उठा सकते। जबकि भारत की सुप्रीम कोर्ट ने भी कहा है कि जब कोई दुश्मन आप पर वार करता है तो आप अपनी सुरक्षा के लिए हथियार उठा सकते है, उनका मुक़ाबला कर सकते हैं। आज हमारे प्रधानमंत्री नरेंद्र मोदी के साहसिक निर्णय को झुठलाने वाले अनेकों देशद्रोही नेताओं के हम सहायक बनकर मुफ्त में सुविधाएँ पाने के लिए ललायित रहते हैं। क्यों? आज हमारे पास सभी सुख सुविधाएँ उपलब्ध हैं। लेकिन देशहित में साहसिक निर्णय नहीं ले पाते। अपने परिवार को बचाने की सोच रखते हैं, लेकिन पड़ोसी परिवार की सुरक्षा का दायित्व नहीं उठा सकते। हमारी घटिया सोच के कारण हमारा भारत सुरक्षित कैसे रह पाएगा। कैसे भारत माता की ऑखों से बह रह आंसुओं को रोक पाएँगे। हमारे ही खून से धरती लाल हो रही होगी और हमें बचाने वाला कोई नहीं होगा। हमारी बहिन बेटियों की इज़्ज़त नीलाम हो रही होगी और हम उन्हें बचा नहीं पाएँगे। अभी समय रहते हम यदि अपने परिवार, समाज और देश की सुरक्षा का दायित्व अपने कंधों पर उठाने की हिम्मत नहीं जुटा पाए, तो हम सुरक्षित नहीं हैं। इंडिया गठबंधन के नाम पर एकत्र होने की कोशिश करने वाले नेताओं की भूमिका को कौन नहीं जानता। वोट बैंक बनाने के लिए प्रयासरत ये नेता और इनके परिवार की ग़लतियों को नज़रअंदाज़ कैसे किया जा सकता है। जब अयोध्या में श्रीराम मंदिर निर्माण के लिए निहत्थे सेवकों पर गोलियाँ चलवाने वाले नेताओं या उनके परिवार को हम नेता मानकर चलते हैं तो हम हिन्दू नहीं हैं। शाहीन बाग कांड, किसान आंदोलन को बढ़ावा देने वाले नेताओं की भूमिका देखने के बावजूद हम हिन्दू उनके सहयोगी बनते हैं तो भी हम हिन्दू नहीं हैं। यदि हिन्दू बने रहना है, भारतीय बने रहना चाहते हैं तो प्रधानमंत्री नरेंद्र मोदी के कुशल नेतृत्व की प्रशंसा करने से पीछे नहीं हटें। जय हिन्द!

केवल कृष्ण वर्मा "कौस्तव टाइम्स "विकास न्यूज़

ॐ भारतीय जन विकास पार्टी

(निराशा) भारतीय इतिहास की पुरानी पुस्तकों में लिखे शब्दों को पढ़कर भी यदि हम हिन्दू नहीं जाग पाए तो अपने परिवार के भविष्य को सुरक्षित समझने की भूल न करें। जब मुगल शासक हिन्दुस्तान में आए, तो उन्होंने सबसे पहले यह देखा कि हिन्दू संगठित नहीं हैं, सोए हुए हैं। रातों रात हिन्दुओं को मौत के घाट उतार दिया जाता रहा और मुगल शासकों को भारत की धरती पर बसने का अवसर मिला। अंग्रेजों ने भी जब हिन्दुस्तान की धरती पर कदम रखे तो अंग्रेजों ने राजाओं, महाराजाओं को सुरा और सुन्दरी में इतना डुबो दिया कि उन्हें अपनी सुरक्षा भी नज़र नहीं आई। भारत माता की सुरक्षा कैसे करते। सुविधाएँ बॉटते हुए धीरे-धीरे राजाओं को अपने आधीन कर लिया। यहीं से ग़ुलामी को स्वीकार करना पड़ा। अंग्रेजों ने भी मुस्लिम शासकों की तरह भारत के ख़ज़ाने को लूटकर अपने लिए सुविधाजनक महल बनाए। हिन्दुओं पर लाठियाँ बरसाई और भारत माता के वीर सपूतों को कठोर यातनाएँ दी, गोलियों से भून दिया, फाँसी के फंदे पर लटका दिया। लेकिन आश्चर्य की बात है कि इतना कुछ होने के बाद भी हिन्दुओं का विशाल संगठन नहीं बन पाया। हम ग़ुलामी को स्वीकार करते रहे, लेकिन अंग्रेजों को भारत से बाहर खदेड़ने का प्रयास नहीं कर पाए। यदि भारत माता के वीर सपूत अपने प्राणों की परवाह नहीं करते हुए अंग्रेजों के दिलों में भारत छोड़ने का डर पैदा नहीं करते तो आज भी हम ग़ुलामी के अंधेरे में खोए हुए होते। अत्याचारी शासकों के आगे हमें नतमस्तक होकर रहना पड़ता। आज़ादी के बाद भारत को विश्व शक्ति संपन्न देश बनाने की कोशिश कभी नहीं की गई। जिस देश में खाद्य भंडारों की कमी नहीं होती थी, क्योंकि भारत में खेती ही मुख्य स्रोत थी। लेकिन आज़ादी के बाद खाद्य भंडारों को ख़ाली घोषित कर अमेरिका से सड़ा गला (लाल रंग) गेहूं भारत में आने लगा। राशन की दुकानों पर लंबी लाइनें लगने लगी। भुखमरी की शिकार भारत की जनता गांधी और नेहरू परिवार पर भरोसा करती रही। वास्तव में यह परिवार

हिन्दुओं के हित की सोच नहीं रखता था। हिन्दू उन नेताओं की चिकनी चुपड़ी बातों में आकर अपने क़ीमती वोट की क़ीमत ही नहीं जान सके। क्योंकि गांधी और नेहरू परिवार मुस्लिम नीतियों, अंग्रेजों की नीतियों से भली भाँति परिचित था। फूट डालो और राज करो। पंजाब से बंगाल तक हिन्दू यदि मारे गए तो यह भी हमारी कमज़ोरियों का परिणाम ही था। हम चंद सुविधाओं को पाने के लिए गांधी और नेहरू परिवार के गुणगान करते रहे। गांधी और नेहरू परिवार के ही नेताओं को वर्षों तक सत्ता पर विराजमान रहने का अवसर दिया। आज़ादी के बाद और पहले भी राष्ट्रीय स्वयंसेवक संघ था, लेकिन राष्ट्रीय स्वयंसेवक संघ के नेताओं को हिन्दुस्तान में प्रमुखता नही मिलने का एक ही कारण था, हिन्दुओं ने हिन्दुओं के ही पक्ष को नहीं जाना। उन्हें तो गांधी और नेहरू परिवार ही महान दिखाई देते रहे। ये वे नेता थे, जिन्होंने मुस्लिम परिवारों में जन्म लेकर अपना नाम और जाति बदलकर हिन्दू बनकर हमारे द्वारा दिए गए टैक्स से सुविधाएँ पाते हुए हम हिन्दुओं को गुमराह करते हुए वर्षों तक सत्ता पर विराजमान रहने का सौभाग्य प्राप्त किया। सत्ता से हटते ही गांधी और नेहरू परिवार जो देश के ख़ज़ाने को लूटकर विदेशी तिजोरियाँ भर रहा था, विदेशों में अपने लिए सुविधाएँ जुटा रहा था, देश के दुश्मनों से हाथ मिला रहा था, वह परिवार घोटालों में फँसता ही चला गया। भ्रष्टाचार एवं अपराध को बढ़ावा देने वाले नेताओं से तंग आकर भारत की जनता ने भारत माता के राष्ट्र पुत्र प्रधानमंत्री नरेंद्र मोदी के कुशल नेतृत्व को स्वीकार किया। प्रधानमंत्री नरेंद्र मोदी के कुशल नेतृत्व में देश में बदलाव आने लगा। हिन्दुओं को अपना भविष्य सुरक्षित नज़र आने लगा। मंदी और महंगाई का रोना रोने वाले यह कभी नहीं समझ पाए कि देश के ख़ाली ख़ज़ाने को भरा रखने के लिए देशहित में पैट्रोल डीज़ल के दामों को बढ़ाए रखना ज़रूरी था। देश की डूबती अर्थव्यवस्था को संभालना भी ज़रूरी था। विदेशी धरती पर हिन्दुओं को गर्व से हिन्दू कहने का साहस पैदा कराना भी ज़रूरी था। देश का चारों ओर विकास कराना भी ज़रूरी था। विदेशों से पैट्रोल डीज़ल मँगवाना और भारी रक़म चुकाना हमारे प्रधानमंत्री नरेंद्र मोदी को पसंद नहीं था। इस पर लगाम लगाना भी ज़रूरी था। क्या कुछ नहीं किया, हमारे प्रधानमंत्री नरेंद्र मोदी ने, उनके

कुशल नेतृत्व में हिन्दू, मुस्लिम झगड़े कम हुए। विदेशी शक्तियों को भारत के आगे नतमस्तक होना पड़ रहा है। भारत की विशाल प्रगति को देखकर विदेशी नेता आश्चर्यचकित हैं, लेकिन भारत में ऐसा नहीं है। हमारे ही वोट से बने अनगिनत नेताओं की फ़ौज इंडिया गठबंधन बनाकर एक बार फिर सत्ता पर विराजमान होने के लिए हिन्दुओं को गुमराह करने की कोशिश करेगी। भारत में हो रहे विकास को महत्व देने की बजाए देश में उथल-पुथल मचाए रखने के रास्ते खोजते नज़र आएँगे। जबकि प्रधानमंत्री नरेंद्र मोदी के कुशल नेतृत्व में देशद्रोही नेता, हिन्दुओं के दुश्मन नेता, यहाँ तक कि मुस्लमानों के विकास की सोच न रखने वाले नेता सोचते ही रह जाएँगे। अब हिन्दुओं की भावनाओं से खेलना उन नेताओं के लिए आसान नहीं होगा, जो चंद सुविधाएँ बाँटकर भारत की जनता के जीवन से खिलवाड़ करते रहे। भारत में हो रहे विकास को देखना, जानना सभी भारतीयों के लिए ज़रूरी है। देशहित को सर्वोपरि न मानने वाले लोग ही हिन्दुओं के दुश्मन हैं, जब हम यह मान लेंगे तो सभी भारतीय हिन्दू राष्ट्र की स्थापना के लिए प्रधानमंत्री नरेंद्र मोदी के कुशल नेतृत्व में अपने जीवन को खुशहाल बना पाएँगे। सुरक्षित बना पाएँगे। जय हिन्द!

केवल कृष्ण वर्मा "कौस्तव टाइम्स "विकास न्यूज़

ॐ भारतीय जन विकास पार्टी 🙏

(सपने) हिन्दुस्तान की आज़ादी का सपना दिलों में संजोए अनेकों भारत माता के वीर सपूतों ने अपने प्राणों की परवाह नहीं करते हुए अंग्रेजों के आगे नतमस्तक होना नहीं सीखा। वरना देश की बागडोर उन कंधों पर होती, जो आज़ादी से पूर्व ही गांधी और नेहरू परिवार की ग़लतियों का शिकार हुए। आज़ादी का महोत्सव तो भारत माता के वीर सपूत भी देखना चाहते होंगे, लेकिन यह सपना दिलों में संजोए हुए इस संसार से विदाई ले गए। सत्ता सुख भोगने के लिए गांधी और नेहरू परिवार को अंग्रेजों का साथ मिला। इस अवसर का लाभ उठाने वाले हमारे वे नेता थे, जिनके लिए हिन्दुओं का हित सोचना कोसों दूर था। अंग्रेजों के चापलूस बनकर देशभक्तों को कठोर यातनाएँ दिलाने वाले, भारत माता के वीर सपूतों को फॉसी के फंदे पर लटकाने की साज़िश रचने वाले गांधी और नेहरू परिवार ही था। हिन्दुस्तान को दो टुकड़ों में विभाजित कराने के बाद गांधी और नेहरू परिवार को मोहम्मद अली जिन्ना के साथ पाकिस्तान चले जाना चाहिए था। क्योंकि मुस्लिम परिवारों में जन्म लेने वाले, मुस्लिम नीतियों को बढ़ावा देने वाले नेताओं को हिन्दुस्तान में रहने का कोई हक़ नहीं था। जब पाकिस्तान की मॉग इसलिए की गई थी कि मुस्लिम परिवार पाकिस्तान जाकर बसेंगे, तो हिन्दुस्तान में मुसलमानों के रहने का क्या औचित्य था। बहुत सी बातें जो हिन्दुओं से छुपा ली गई। इन सब बातों का ज़िम्मेदार यदि कोई है तो वह गांधी और नेहरू परिवार है। आज भी सत्ता सुख, सुविधाएँ पाने के लिए ललायित रहने वाला परिवार देश का ख़ज़ाना लूटकर विदेशी बैंकों को भरने की कोशिश करता है। क्योंकि उन्हें पता है कि हिन्दुस्तान के लोग जागरूक हो रहे हैं। प्रधानमंत्री नरेंद्र मोदी भी ना जाने कब नोटबंदी लागू कर दें और तिजोरियों में भरा रूपया मिट्टी हो जाए। पवित्र नदियों में रूपया बहाना पड़ जाए। इंडिया गठबंधन का कोई ऐसा नेता तो बताएँ, जिसने भ्रष्टाचार को बढ़ावा नहीं दिया। अपने परिवार का हित नहीं सोचा। लेकिन प्रधानमंत्री नरेंद्र मोदी पर ऐसा लांछन नहीं लगाया

जा सकता। जिस प्रधानमंत्री के पास अपना स्वयं का मकान भी नहीं, अपने लिए धन संग्रह की सोच भी नहीं। वह प्रधानमंत्री भ्रष्टाचार एवं अपराध को बढ़ावा देने की सोच कैसे रखेगा। कितने आश्चर्य की बात है कि सत्ता से दूर होते ही एक ईमानदार छवि के प्रधानमंत्री नरेंद्र मोदी, जिसके आगे विदेशी नेता भी नतमस्तक हैं, उन्हें हटाने के लिए गांधी और नेहरू परिवार इंडिया गठबंधन में सहयोगी बन रहा है। यदि भ्रष्ट नीतियों को अपनाने वाले नेताओं की फ़ौज को हम हिन्दुओं ने चंद सुविधाएँ पाने के लिए अपना बहुमूल्य वोट दे दिया तो हिन्दुस्तान में एक नया पाकिस्तान की स्थापना होने में अब देर नहीं लगेगी। मुगल शासकों द्वारा जैसे हिन्दुओं को मौत के घाट उतारा जाता था, इससे भयानक दृश्य देखने को मिलेंगे। मौत हमारी आँखें के सामने होगी और शरीर में थरथराहट हो रही होगी। हम अपनी ग़लतियों को याद करके आँसू बहा रहे होंगे और मौत के सौदागर हमें मौत के घाट उतारने में संकोच नहीं करेंगे। यदि हम कुछ जानना ही नहीं चाहते तो इतिहास की पुरानी पुस्तकों को पढ़ने की कोशिश करें। इतिहास ही बता देगा कि हम गुलाम क्यों बने? आज हमें जातपात के भेदभाव को मिटाकर संगठित होना होगा। परिवार, समाज और देश की सुरक्षा का दायित्व अपने कंधों पर उठाने का प्रयास करना होगा। हमें एक संकल्प लेकर चलना है कि हम मर तो सकते हैं, लेकिन हिन्दुत्व की आवाज़ को नहीं छोड़ सकते। प्रधानमंत्री नरेंद्र मोदी के कुशल नेतृत्व में ही सरकार तभी बनेगी जब आने वाले लोकसभा चुनावों की तैयारी में हम कोई भूल न करें। सुरक्षित भविष्य की ओर देखें। वोट डालते समय यह याद रखना कि जिस कांग्रेस को हम अपना वोट देते रहे, वह हिन्दुओं के नरसंहार की ज़िम्मेदार सरकार थी। इसी कांग्रेस की नीतियों को अपनाकर दूसरे नेता भी हमारे हिन्दुओं के रक्षक नहीं बन पाए। वोट बैंक ही जिन नेताओं की प्राथमिकता है, वे नेता हम हिन्दुओं का हित कैसे कर पाएँगे। जय हिन्द!

केवल कृष्ण वर्मा "कौस्तव टाइम्स "विकास न्यूज़

ॐ भारतीय जन विकास पार्टी 🙏

(अंधेरा) हिन्दुस्तान की आज़ादी के दिन का उजाला देखने के लिए अनेकों भारतीयों को बलिदान देना पड़ा। लेकिन आज़ादी के बाद जिस उजाले को हमारे पूर्वज या हम देखना चाहते थे, वह नहीं मिला। हम लोगों को तो केवल देश में पनपता भ्रष्टाचार एवं अपराध मिला। जिसे हमारे देश के नेताओं ने ही बढ़ावा दिया। भ्रष्टाचार की आग में हम सभी सुलगते रहे, लेकिन इस पर लगाम लगाने की बजाए स्वयं भी हिस्सेदार बनने लगे। भ्रष्टाचार की जड़ें मज़बूत होती गई। एक ईमानदार आदमी को भी हमारे नेताओं का समर्थन करना पड़ा। भारत विश्व शक्ति संपन्न देश बन सकता था, लेकिन नहीं बना। देश में चौतरफ़ा विकास हो सकता था, लेकिन नहीं हुआ। भारत में मुगल शासकों द्वारा तोड़े गए हमारे पवित्र मंदिरों का पुनर्निर्माण हो सकता था, लेकिन नहीं हुआ। शिक्षा केन्द्रों में सुधार लाया जा सकता था, लेकिन नहीं हुआ। शिक्षा के नाम पर लोगों को लूटने के लिए गुरूकुल स्कूल बंद कर प्राइवेट स्कूलों और कॉलेजों को बढ़ावा दिया जाता रहा। शिक्षण संस्थानों में योग्य उम्मीदवारों, बच्चों को दाख़िला देने की बजाए लूट का केन्द्र बना दिया गया। लेकिन हम चुप रहे। हम संगठित होकर आवाज़ नहीं उठा सके। सत्ता पर विराजमान नेताओं का ख़ौफ़ ही इतना था कि भारत की धरती पर जन्म लेने के बावजूद हम सभी को जातपात में बॉटकर वोट बैंक बनाए रखने के लिए गुमराह किया जाता रहा। हिन्दुओं का मुँह न खुल पाए, इसलिए मौत के घाट उतारने के लिए आतंकवादियों, उग्रवादियों को बढ़ावा दिया जाता रहा। लेकिन हम हिन्दू सत्ता पर विराजमान नेताओं का बहिष्कार नहीं कर पाए। सत्ता विहीन करने का सपना साकार हुआ तो हमारे ही नेताओं की आपसी रंजिश के चलते गठबंधन टूट गया। जिससे हिन्दुओं का संगठित होने का सपना भी टूट गया। भारत की सत्ता पर विराजमान होने का कांग्रेस की उस नेता को विराजमान होने का अवसर मिला, जिसने हिन्दुओं को मरवाने के लिए आतंकवादियों और उग्रवादियों को बढ़ावा दिया। गौ-हत्या बंद करवाने

के लिए आवाज़ उठाने वाले साधु संत समाज पर गोलियाँ चलाकर मौत की नींद सुला दिया। कुछ को जेल की चारदीवारी के भीतर डाल दिया। हम हिन्दू अपना बचाव भी नहीं कर पाए। अपने ही देश की धरती पंजाब से बंगाल तक को छोड़ने पर मजबूर हुए। कश्मीर में हिन्दुओं को मार दिया गया। उनकी ज़मीन जायदाद लुटने वालों को सहारा देने वाला यही गांधी और नेहरू परिवार था। जिसने सत्ता सुख पाने के लिए हिन्दुओं के नरसंहार को प्रमुखता दी। देश के अन्य नेताओं ने भी वही किया जो कांग्रेस सरकार में होता आया था। सत्ता पर बैठने का अवसर भी देश के उन नेताओं को हम हिन्दुओं ने दिया, जो सत्ता पर बैठने लायक़ नहीं थे। गठबंधन की सरकारें बनने लगी। नेताओं ने अपने परिवार को बढ़ावा दिया। देश का ख़ज़ाना लूटकर विदेशी बैंकों को भरने के लिए ललायित रहने वाले हमारे नेता बने। अयोध्या में श्रीराम मंदिर निर्माण को रोकने वाले भी हमारे नेता बने। जिस कारण मथुरा में श्री कृष्ण जन्म स्थली आज तक मुक्त नहीं हो पाई, जिस जन्म भूमि पर मुगल शासकों ने मस्जिद का रूप दिया था। अदालतों में वर्षों तक इस मामले को लटकाए रखने का एक कारण मुस्लिम वोट बैंक था। लेकिन हिन्दुओं ने शांतिपूर्ण जीवन जीने के लिए किसी ऐसे नेता का आजतक बहिष्कार नहीं किया। मुस्लिम वोट बैंक बनाए रखने वाले अनगिनत नेताओं की चिकनी चुपड़ी बातों में आकर, फँसकर अपना जीवन बर्बाद करने लगे। हमारे ही देश के नेता उन विदेशी नेताओं के साथ हाथ मिलाते दिखाई देते नज़र आने लगे जो भारत के हित की कभी सोच भी नहीं सकते। अमेरिका, चीन, पाकिस्तान इन नेताओं की शरण स्थली है, लेकिन हम हिन्दुओं के दुश्मन नेताओं को हिन्दुस्तान से बाहर खदेड़ने का प्रयास नहीं कर पाए। आज भी यदि हिन्दुओं के दुश्मन नेताओं द्वारा मुफ्त में सुविधाएँ बॉटने की घोषणा की जाए तो हमारे ही हिन्दू परिवार उन सुविधाओं को पाने के लिए अपने सुरक्षित भविष्य की चिन्ता न करते हुए देशद्रोहियों के गठबंधन के नेताओं को वोट देने के लिए चल पड़ेंगे। जब देश में हिन्दुओं के सुरक्षित भविष्य की बात आएगी तो गठबंधन के यही नेता एक दूसरे नेता की बग़लें झांकने की कोशिश करेंगे।अपने मुँह से हिन्दुओं के हित में कोई शब्द बोलने से संकोच करेंगे। लेकिन हम हिन्दू अपनी ही कमज़ोरियों के कारण

हिन्दुओं के हित को न सोचने वाले नेताओं का समर्थन करते नज़र आएँगे। हम अपने देश के राष्ट्र पुत्र प्रधानमंत्री नरेंद्र मोदी के कुशल नेतृत्व को भी भूल जाएँगे। हम अपने प्रधानमंत्री नरेंद्र मोदी के कुशल नेतृत्व में अपने आपको हिन्दू कहने लगे, यह भी भूल जाएँगे। हम हिन्दुओं का रक्षक कौन बनेगा। परिवार नियोजन के नाम पर एक बच्चे को जन्म देने वाले माता-पिता अपनी सुरक्षा कैसे कर पाएँगे। अपनी आने वाली पीढ़ियों का भविष्य कैसे तय कर पाएँगे। यह हम हिन्दुओं को सोचने की आवश्यकता नहीं है।हम तो उन नेताओं को ही वोट देंगे, जो हमें गुमराह करने की कला जानते हैं। जय हिन्द!

केवल कृष्ण वर्मा "कौस्तव टाइम्स "विकास न्यूज़

चेयरमैनः करप्पशन एंड क्राइम रिफोर्मस ऑर्गनाइज़ेशन (रजि.)

ॐ भारतीय जन विकास पार्टी 🙏

(सावधान) आज़ादी के पूर्व का इतिहास खोलकर पढ़ने की कोशिश करेंगे तो पता चलेगा कि हिन्दुओं के बिखरे रहने के कारण ही मुग़लों को वर्षों तक भारत की धरती पर बसने का अवसर मिला। मुगल शासकों के पास चापलूसों, चम्मचों, जयचंदों की कमी नहीं आई। यहाँ तक कि हिन्दुओं की बहिन बेटियों को धोखे से मुगल शासकों तक पहुँचाने वाले भी यही चापलूस, चम्मचे, जयचंद थे। इन्हें मुग़लों द्वारा सुविधाएँ मिलती थी और एक दिन ऐसा भी आता था, जब इन्हें कत्ल कर दिया जाता था। मुगल शासक जानते थे कि जब ये लोग अपने देश के नहीं हुए तो मुग़लों के कैसे बने रह सकते हैं। आख़िर इनका अंत भी विभित्स तरीक़े से हुआ। अंग्रेजों ने भी जब तक भारत पर राज किया, उन अंग्रेजों ने अपने लिए चापलूसों, चम्मचों और जयचंदों को ढूँढने में देर नहीं लगाई। देशभक्तों को भी गुमराह करने के लिए अंग्रेज़ी शासन के अधीन नौकरी करने वालों में से कुछ लोगों को चुनकर अपना विशेष सलाहकार बना लिया, उन्हें सुविधाओं से लैस कर दिया गया। देशभक्तों की गुप्त सूचनाएँ अंग्रेजों को उपलब्ध कराई जाती रही और देशभक्तों पर कहीं गोलियाँ चलाकर मौत के घाट उतार दिया गया, कहीं कठोर यातनाएँ दिलाने के लिए काल कोठरी में डाल दिया गया, जहाँ उनके बैठने, लेटने, सोने की भी जगह नहीं होती थी और हाथ, पैर अंग्रेजों की लोहे की बेड़ियों से बंधे होते थे। यहाँ तक कि फाँसी के फंदे पर लटकाने के लिए जल्लाद भी तैयार होते थे। सन् 1857 का युद्ध कैसे भुलाया जा सकता है, जब अंग्रेजों को उन हिन्दू योद्धाओं का सामना करना पड़ा, जो केवल भारत भूमि की रक्षा का संकल्प दिलों में संजोए चलते थे। यदि इस युद्ध में भी चापलूस, चम्मचे, जयचंद, सुविधाएँ पाने के लिए देशद्रोही नहीं होते तो हमारा भारत सन् 1857 में ही अंग्रेजों से आज़ाद हो चुका होता। लेकिन हमें सन् 1947 तक इंतज़ार करना पड़ा। यदि इस दौरान हिन्दुओं की जनसंख्या पर लगाम होती तो शायद आज़ादी को पाना आसान नहीं होता। युद्ध में लाखों हिन्दू मारे

जाते रहे। लेकिन उन माताओं को, बच्चों को जन्म देने वाली जननी को भी नमन करना होगा। उन्होंने आठ दस बच्चों को जन्म दिया और उन्हीं बच्चों में से हमें भारत माता को अंग्रेजों की ग़ुलामी की ज़ंजीरों से मुक्ति दिलाने वाले साहसिक देशभक्त मिले। योद्धा मिले, जिन्होंने अपने प्राणों की परवाह नहीं की और भारत माता को अंग्रेजों की ग़ुलामी की ज़ंजीरों से मुक्ति दिलाई। लेकिन यह मत भूलें कि यदि अंग्रेज़ी शासन के दौरान अंग्रेजों के सिपाही गांधी जैसे नेता भी हमें मिले और अंग्रेजों के गोरेपन को देखते हुए अपना सबकुछ लुटाने वाले नेहरू जैसे नेता भी मिले। अंग्रेजों ने अपनी भीतरी चालों के तहत गांधी को राष्ट्रपिता, अहिंसा का पुजारी बनाकर जवाहर लाल नेहरू को भी अनगिनत सुविधाएँ देकर साथ मिला दिया। देशभक्तों के बलिदान से हमें आज़ादी मिली और आज़ादी का श्रेय लेने के लिए गांधी और नेहरू जैसे नेता थे, जिन्होंने भारत की बँटवारा करा पंजाब की पवित्र धरती पर पाकिस्तान बना दिया। देश का बँटवारा तो हो गया, लेकिन मुस्लिम परिवारों में जन्म लेने वाले गांधी और नेहरू परिवार के पाकिस्तान के नेताओं से संबंध कभी विच्छेद नहीं हुए। आज़ाद भारत का ख़ज़ाना ख़ाली करने की कोशिश की जाती रही। आज़ादी के बाद पाकिस्तान को 55करोड़ रूपया देने पर मजबूर करने वाला महात्मा गांधी ही तो था। जिसे अपनी आत्मा की आवाज़ को सर्वोपरि मानते हुए भारत माता के वीर सपूत पंडित नाथूराम गोडसे ने मौत की नींद सुला दिया। यदि गांधी जीवित रहते तो भारत की धरती पर एक और पाकिस्तान की स्थापना हो जाती। हिन्दुओं को मरवाने के लिए रास्ते खोजे जाते। हिन्दू मारे जाते। हिन्दुओं का अंत करने के लिए पाकिस्तान में आतंकवादियों, उग्रवादियों को पनपने का अवसर मिला और इसका परिणाम हम सभी देख ही चुके हैं। भाग्यवश यदि परमपिता परमात्मा की दया दृष्टि, कृपा से हमें आज़ादी के वर्षों बाद प्रधानमंत्री नरेंद्र मोदी नहीं मिलते तो आज भी हिन्दुओं के नरसंहार को रोक पाने वाला कोई नेता भी नहीं होता। प्रधानमंत्री नरेंद्र मोदी के साहसिक कदम उठाने से भारत को विश्व शक्ति संपन्न देश माना जाने लगा है। जहाँ कभी विदेशी धरती पर हम हिन्दू अपने आपको हिन्दू नहीं बोल पाते थे, आज वहाँ गर्व से हिन्दू बोला जाता है। आज़ाद भारत में भी तो हम हिन्दू सुरक्षित नहीं थे,

लेकिन आज हमें हमें अपनी सुरक्षा का अहसास होता है। हमारी सुरक्षा का दायित्व भारत माता के वीर सपूत प्रधानमंत्री नरेंद्र मोदी ने उठाया। हमें आतंकवादियों, उग्रवादियों से राहत मिली। लेकिन इन आतंकवादियों, उग्रवादियों को बढ़ावा देने वाले परिवार से मोह भंग करने की क्षमता हिन्दुओं में दिखाई नहीं देती। आज भी हमारे हिन्दू परिवार उस गांधी और नेहरू परिवार के कांग्रेसी नेताओं के साथ चल रहे हैं, जिन्होंने हिन्दुओं का नरसंहार कराया। भारत की धरती को हिन्दुओं के खून से लाल होते देखा। कितने शर्म की बात है कि हमारे ही हिन्दू परिवारों में जन्म लेने वाले, अपने आपको हिन्दू कहने वाले अपने ही भाई बहिनों का, आने वाली पीढ़ियों का भविष्य सुरक्षित नहीं चाहते। क्या ऐसे हिन्दू देशभक्त बन पाएँगे। जब मुफ्त में सुविधाएँ पाने की लालसा हो तो प्रधानमंत्री नरेंद्र मोदी के कुशल नेतृत्व को स्वीकार करना उन हिन्दुओं के वश में नहीं। मुग़लों और अंग्रेजों द्वारा हम हिन्दुओं को गुलाम बनाया गया, मौत के घाट उतारा गया, यह भूलकर यदि देशद्रोही नेताओं का विशेषकर गांधी और नेहरू परिवार के नाम पर हम हिन्दू केवल चंद सुविधाओं को पाने के लिए वोट डालने जाते हैं तो यह हमारा दुर्भाग्य ही कहा जाएगा। देश और हम हिन्दू सुरक्षित कैसे रह पाएँगे। हमें संगठित होना होगा, संभलना होगा, देशहित सोचने की क्षमता पैदा करनी होगी। देशभक्त बनना होगा। हिन्दू राष्ट्र की स्थापना के लिए प्रधानमंत्री नरेंद्र मोदी के कुशल नेतृत्व को स्वीकार करना होगा। सन् 2024 में होने जा रहे लोकसभा चुनावों में हमें हिन्दू राष्ट्र की स्थापना के लिए प्रधानमंत्री नरेंद्र मोदी के नाम पर वोट डालने की अपील उन लोगों से भी करनी है, जो सब कुछ जानते हुए भी गांधी और नेहरू परिवार की कांग्रेस की ग़लतियों को नज़रअंदाज़ कर रहे हैं। जिन्हें अपने परिवार, समाज और देश की चिन्ता नहीं। जिन्हें बिना परिश्रम किए मुफ्त में सुविधाएँ पाने की लालसा है। जय हिन्द! भारत माता की जय!

केवल कृष्ण वर्मा "कौस्तव टाइम्स "विकास न्यूज़

चेयरमैनः करप्पशन एंड क्राइम रिफोर्मस ऑर्गनाइज़ेशन (रजि.)

ॐ भारतीय जन विकास पार्टी 🙏

(सफलता) भारत की आज़ादी के बाद आम जनता को इतनी सफलता नहीं मिली, जितनी कि पॉच वर्ष के लिए चुने गए हमारे जन प्रतिनिधियों को मिली। इस पॉच वर्ष के शासन के दौरान एक साइकिल पर चलने वाला नेता बनते ही बड़े बड़े महलनुमा कोठियों में रहने लगा। जनता द्वारा दिए गए टैक्स से सुविधाएँ पाने को ललायित रहने लगा। प्रधानमंत्री के पास जाने के रास्ते ढूँढने लगा। चापलूसी करते हुए शर्म को दरकिनार कर दिया। गांधी और नेहरू परिवार की ग़लतियों को भविष्य की चिन्ता किए बग़ैर नज़रअंदाज़ करने लगा। चापलूसी करने वाले नेताओं के कारण ही हिन्दुओं का नरसंहार हुआ। लोगों को मुफ्त में सुविधाएँ उपलब्ध करा आपसी रिश्तों में मनमुटाव पैदा करने की कोशिश करते रहे। आज जितने भी बड़े बड़े मेडिकल कॉलेज, इंजीनियरिंग कॉलेज, यहॉं तक स्कूल भी उन नेताओं के नाम पर है, जिनका उद्देश्य केवल धन अर्जित करना है। युवा पीढ़ी के माता पिता को अपने बच्चों को पढ़ाने के लिए, दाख़िले के दौरान बहुत बड़ी कीमत डोनेशन के नाम पर चुकानी पड़ती है। आज़ादी से पूर्व गुरूकुल में शिक्षा के दौरान कोई धनराशि नहीं लेने के बावजूद सभी सुविधाएँ उपलब्ध कराई जाती रही, जिस गुरूकुल को अंग्रेजों ने बंद करा दिया। ताकि हिन्दू शिक्षित हो पाएँ। सरकारी स्कूलों की बजाए प्राइवेट स्कूलों को प्राथमिकता दी जाने लगी। जहॉं अंग्रेज़ी को महत्व दिया जाने लगा और बच्चों को सनातन संस्कृति और संस्कारों से दूर कर दिया गया। अंग्रेजों की ग़ुलामी की ज़ंजीरों से मुक्ति पाने के लिए भारत माता के वीर सपूतों को अपने प्राणों को न्योछावर करना पड़ा। आज़ादी के दौरान अंग्रेजों की चापलूसी करने वाले, देशभक्तों की गुप्त वार्तालाप को अंग्रेजों तक पहुँचाने वाले, फाँसी के फंदे पर लटकाने की साज़िश रचने वाले नेताओं ने हिन्दू बनकर देशभक्तों को भी गुमराह किया। जिसकी भनक स्वतंत्रता संग्राम में बलिदान देने वालों को नहीं लगने दी। जब कभी देशहित की, हिन्दू राष्ट्र की, मुग़लों द्वारा तोड़े गए हमारे

पवित्र मंदिरों का पुनर्निर्माण की, हिन्दुओं के हित की बात आई तो भारत आज़ाद होने के बावजूद उन देशभक्त नेताओं को मौत की नींद सुला दिया गया। पाकिस्तान को आर्थिक सहायता देने के नाम पर आंदोलन की धमकी देने वाले अहिंसा के पुजारी गांधी ने हिन्दुओं को मौत के अतिरिक्त क्या दिया। आज़ादी से पूर्व और आज़ादी के बाद का इतिहास खोलकर पढ़ने की कोशिश करें तो पता चलेगा कि हिन्दुओं का जब भी, जहाँ भी नरसंहार हुआ, वह गांधी और नेहरू परिवार की देन ही थी। हिन्दुओं की बढ़ती जनसंख्या को रोकने के लिए हम दो हमारे दो का नारा दिया। जिसका परिणाम आज हम देख ही रहे हैं। हिन्दुओं की आबादी कम होती चली जा रही है और अपने ही देश भारत में मुसलमानों की आबादी बढ़ती ही चली जा रही है। हर व्यवसाय में मुस्लिम नज़र आएँगे। हिन्दू तो अपनी सुरक्षा को नज़रअंदाज़ कर चंद सुविधाओं को पाने के लिए ललायित रहने लगे। भारत माता को गुलाम बनाए रखने की साज़िश रचने वाले गांधी और नेहरू परिवार की तरह अनेकों नेता मुस्लिम वोट बैंक बनाए रखने के लिए चेहरे बदलते नज़र आने लगे। फिर भी हिन्दू इन नेताओं की साज़िशों को समझने की कोशिश नहीं करते। आज प्रधानमंत्री नरेंद्र मोदी की कार्यशैली को नकारने वाले नेताओं की फ़ौज गठबंधन बनाकर हिन्दुओं को गुमराह करने की कोशिश करते नज़र आ रहे हैं। यदि हम हिन्दू संगठित होकर देशद्रोही नेताओं का बहिष्कार नहीं करेंगे तो पता चलेगा कि हिन्दुओं का नरसंहार कराने में यही नेता सहायक की भूमिका निभा रहे हैं। हमारी कमज़ोरियों का लाभ उठाने वाले नेताओं को सत्ता से दूर करने के लिए प्रधानमंत्री नरेंद्र मोदी के सहायक बनिए। योद्धा पैदा कीजिए। देशभक्त पैदा कीजिए। हम भविष्य में इन देशद्रोही नेताओं का शिकार न बन पाएँ। इस विचार को प्राथमिकता दें। जय हिन्द!

केवल कृष्ण वर्मा "कौस्तव टाइम्स "विकास न्यूज़

चेयरमैनः करप्पशन एंड क्राइम रिफोर्मस ऑर्गनाइज़ेशन (रजि,)

ॐ भारतीय जन विकास पार्टी 🙏

(पहचान) आज़ादी हमें क्या मिली, हमारे देश के नेताओं ने विशेषकर गांधी और नेहरू ने अपना धर्म, जाति और यहॉं तक कि जिस परिवार में जन्म लिया, इस पहचान को ही छुपाए रखा। मुस्लिम परिवारों में जन्म लेकर हिन्दू बन गए। लेकिन वास्तव में ये नेता हिन्दू बन नहीं पाए। आज़ादी के बाद मुस्लिम परिवारों से संबंध विच्छेद करने का मतलब था, सत्ता से बाहर निकलना पड़ता। मुस्लिम वोटों को खोने की स्थिति में वर्षों तक भारत का प्रतिनिधित्व कर पाना आसान नहीं होता। गांधी और नेहरू परिवार की कांग्रेस की सोच को देश के अन्य नेताओं ने भी अपनाना शुरू किया। कभी मुस्लिम पहनावा अपना लिया। कभी यही देशद्रोही नेता सफ़ेद टोपी पहनकर नमाज़ पड़ते दिखे, तो कभी चेहरा बदलने की महारत हासिल करते हुए लोगों को गुमराह करते दिखाई दिए। कभी मुस्लिम नीतियों को अपनाने वाले, नेता जनेऊ पहनकर मंदिरों में पूजा पाठ करने लगे। लेकिन हम हिन्दू उन नेताओं की असलियत, सही पहचान को जान नहीं सके। चंद सुविधाओं को पाने के लिए ललायित रहते हुए अपने हिन्दू भाइयों का नरसंहार होते देखकर भी चुप रहे। अयोध्या में श्रीराम मंदिर निर्माण के लिए निहत्थे सेवकों पर गोलियाँ चलवाने वाले नेता के परिवार को भी हम हिन्दुओं ने अपनी कमज़ोरियों के कारण ही तो स्वीकार किया। भारत यदि विश्व शक्ति संपन्न देश नहीं बन सका तो इसके पीछे हमारे द्वारा चुने गए देशद्रोही नेताओं की इच्छा। शक्ति थी, जो केवल मुस्लिम नीतियों को ही बढ़ावा देने की सोच रखते थे। आज हमारे प्रधानमंत्री नरेंद्र मोदी देशहित में निर्णय लेने से पीछे नहीं हटते। चंद्रयान मिशन-2023 हमारी ऑखों के सामने है। इस मिशन की सफलता के लिए हमारे देश के देशद्रोही नेता हमारे भारत के प्रधानमंत्री नरेंद्र मोदी का उत्साह बढ़ाने की कोशिश ही नहीं करते। उन्हें तो वोट बैंक बनाने की सोच सताए रहती है। इसीलिए हमारे देश के दुश्मन चीन और पाकिस्तान के नेताओं से हाथ मिलाए रखना चाहते हैं। हमारे द्वारा दिए गए टैक्स से सुविधाएँ पाने

वाले नेताओं का बहिष्कार करने की हिम्मत नहीं जुटा पाए तो हमारा और हमारी आने वाली पीढ़ियों का भविष्य सुरक्षित नहीं रह पाएगा। अंधकारमय जीवन जीने को हम हिन्दू मजबूर होंगे। कौन बचाने आएगा? हम दो और हमारे दो की सोच को भी हम भूल गए। अब तो संयुक्त परिवार की परिभाषा ही बदल गई है। अब दो बच्चों को जन्म देना हमारी युवा पीढ़ी द्वारा अपराध समझा जाने लगा है। युवा पीढ़ी विवाह बंधन में बंधने के लिए तैयार नहीं। लव रिलेशन में रहकर ज़िन्दगी बर्बाद कर सकते हैं। लेकिन उचित समय पर विवाह कर बच्चों को जन्म देने की सोच की ओर ध्यान देना ज़रूरी नहीं समझते। यहाँ भी अपनी पहचान को छुपाए रखा जाता है। यदि हमें जन्म देने वाले परमपिता परमात्मा ने, हमारे पूर्वजों ने जाति का नाम दिया तो इसकी भी एक पहचान थी। हिन्दू परिवारों के रिश्तों को बनाए रखने के लिए यह ज़रूरी था। लेकिन अब तो युवा पीढ़ी लव जेहाद के चक्कर में फँसकर अपना जीवन बर्बाद करने पर उतारू है। जहाँ नरक के दरवाज़े हमेशा खुले रहते हैं। हमें अपने युवा होते बच्चों को सोच को बदलना होगा। छोटी उम्र में ही बच्चों को अच्छे संस्कार देने होंगे। सनातन संस्कृति और संस्कारों से ओतप्रोत करना होगा। हमारे देश, हम हिन्दुओं की रक्षा के लिए अपने प्राणों को न्योछावर करने वाले देशभक्तों, योद्धाओं की कहानियों को पढ़ना होगा, पढ़ाना होगा और सुनाना भी होगा। ताकि युवा पीढ़ी के बच्चे बुज़दिल न बनें। उनमें योद्धा बनने का उत्साह बना रहे। हमारे बुढ़ापे का सहारा बना रहे। एक संयुक्त परिवार हो, जिसमें एक दूसरे की भावनाओं को समझने का प्रयास किया जाता रहे। हमें भारत के प्रधानमंत्री नरेंद्र मोदी के कुशल नेतृत्व में भारत को विश्व शक्ति संपन्न देश बनाना है। जय हिन्द!

केवल कृष्ण वर्मा "कौस्तव टाइम्स "विकास न्यूज़

चेयरमैनः करप्पशन एंड क्राइम रिफोर्मस ऑर्गनाइज़ेशन (रजि.)

ॐ भारतीय जन विकास पार्टी 🙏

(क़ानून) भारतीय लोकतंत्र में हमें जो अधिकार दिए गए, इनका ज्ञान बहुत ही कम लोगों को है। आज़ादी के बाद बनी कांग्रेस सरकार का स्थायित्व होने का कारण कुछ भी रहा हो, लेकिन हिन्दुओं के दुश्मन नेताओं का भरोसा करने का कारण केवल एक था। पंजाब से हिन्दू अपनी अपार संपदा को छोड़कर ख़ाली हाथ जब आए तो परिवार का पेट पालने के लिए मेहनत मज़दूरी करके जीवन यापन करना ज़रूरी था। यदि वे गांधी और नेहरू परिवार की ग़लतियों, साज़िशों को समझ जाते तो वर्षों तक भारत की सत्ता पर विराजमान रहने का अवसर इस मुस्लिम परिवार को नहीं मिल पाता। हमारे देश का बँटवारा इन्हीं शर्तों पर हुआ था कि मुस्लमान पाकिस्तान जाएँगे तो मुस्लिम परिवारों में जन्म लेने वाले गांधी और नेहरू परिवार ने उन्हें पाकिस्तान जाने की बजाए हिन्दुस्तान में क्यों रोका। हिन्दू तो शान्ति पूर्ण ज़िन्दगी जीना चाहते थे। लेकिन आज़ाद भारत में हिन्दुओं को ही जातपात के नाम पर बॉट दिया गया। हिन्दुओं के आपसी पारिवारिक रिश्ते भी समाप्त हो गए। सभी कोटा प्रणाली को महत्व देने लगे। कोटा प्रणाली का लाभ उठाने की कोशिश में यह कभी नहीं सोचा कि हम हिन्दुओं का अस्तित्व ही ख़त्म हो जाएगा, जब हम दो और हमारे दो के नारे को महत्व देने लग जाएँगे। जिस नेहरू को हम पंडित नेहरू कहते रहे, यदि गुग्गुल सर्च पर उनकी पारिवारिक गाथा को जानने की कोशिश करेंगे तो पता चलेगा। कि नेहरू हिन्दुओं की बजाए मुस्लमानों को अधिक महत्व देते रहे। आज इतिहास के पन्नों पर जब यह लिखा जाएगा कि चंद्रयान मिशन को सफलता भारत के राष्ट्र पुत्र प्रधानमंत्री नरेंद्र मोदी के कुशल नेतृत्व के कारण मिली तो गांधी और नेहरू परिवार इस सफलता को भी नकारना शुरू कर देगा। इस सफलता का श्रेय भी प्रधानमंत्री नरेंद्र मोदी को देने की बजाए गांधी और नेहरू परिवार को देने की हर कोशिश करेगा। जबकि नेहरू जब प्रधानमंत्री थे तो उस समय हमारे उच्च कोटि के वैज्ञानिकों को कोई महत्व नहीं दिया जाता था। मौत की नींद

सुला दिया जाता था। हमारे वैज्ञानिक विदेशों में जाने पर मजबूर कर दिए गए। हिन्दुस्तान यदि विश्व शक्ति संपन्न देश नहीं बन सका तो इसके पीछे नेहरू परिवार की ग़लतियाँ थी और जिन ग़लतियों को हमें आज तक भुगतना पड़ रहा है। हिन्दुओं को गुमराह करने वाला संविधान हमें मिला। जिसमें गांधी और नेहरू परिवार जब चाहे बदलाव कर सकता था, लेकिन एक हिन्दू अपनी आवाज़ भी नहीं उठा सकता था। भ्रष्टाचार एवं अपराध को बढ़ावा देने वाले नेताओं की अपार संपदा को भारत के ख़ज़ाने में जमा करवाने की बजाए गुप्त समझौता के तहत उन्हें ज़मानत दे दी जाती रही। आतंकवादियों, उग्रवादियों की ज़मानत के लिए जब रात को अदालत के दरवाज़े उन नेताओं के इशारे पर खुल सकते हैं तो न्याय पाने की लालसा में वर्षों बीत जाने की बजाए तारीख़ पर तारीख़ लगने लगी। न्याय प्रक्रिया में बदलाव लाना भी आसान नहीं रहा। एक आम आदमीं अदालतों के चक्कर लगाकर इतना टूट चुका होता है कि यहॉं भी उसका घर बिखर जाता है। क़ानून सबके लिए बराबर है और पालन कौन करता है? एक आम आदमीं! लेकिन यह भी सच है कि क़ानून का पालन करने वाला ही दुखी रहता है। आज दुनिया में सबसे बड़ा झूठ अदालतों में ही बोला जाता है। इसलिए जब यह कहा जाता है कि क़ानून सबके लिए बराबर है, यह दुनिया का सबसे बड़ा झूठ है। क़ानून मकड़ी का वह जाल है, जिसमें हम जैसे लोग फँसते हैं, मगर क़ानून को बनाने वाले नहीं फँसते। वे तो अदालतों में बेइज़्ज़त बरी होकर अपनी तिजोरियाँ भरनी शुरू कर देते हैं। दुनिया का अंत कैसे हो रहा है। कोरोना जैसी कई महामारियाँ हमें घेरने के लिए तैयार खड़ी हैं। राजनीति में क़ानून ख़त्म , स्कूलों में पढ़ाई ख़त्म, अस्पतालों में दवाइयाँ ख़त्म और सबसे ज़्यादा परिवार खत्म। पहाड़ी क्षेत्रों में दरारें आ रही हैं। लोगों का जीवन अस्त व्यस्त हो रहा है। लोग मौत के मुँह में समा रहे हैं। बड़े बड़े मकान धराशायी हो रहे हैं। लेकिन फिर भी हम न जाने कौन सी दुनिया में खो रहे हैं। हम अपार संपदा के मालिक बनकर भी शांत नहीं हो पा रहे। शांति तो हमसे कोसों दूर भाग रही है। देश के भीतरी दुश्मनों का मुक़ाबला करने के लिए हम तैयार नहीं हैं। यहॉं तक कि चंद सुविधाओं को पाने के लिए उन नेताओं का साथ निभाने चल पड़ते हैं जो राष्ट्र विरोधी

हैं। प्रधानमंत्री नरेंद्र मोदी कभी धन संग्रह के पीछे नहीं भागते। उनकी सोच तो केवल राष्ट्रहित में है। चंद्रयान मिशन 2023 हमारी आँखों के सामने सफल हुआ। इसका श्रेय मिशन को सफल बनाने वाले वैज्ञानिकों और उनके सहायकों को दिया जा रहा है। यदि देश में गांधी और नेहरू परिवार की सरकार होती तो यह सपना कभी साकार नहीं हो पाता। हमारे प्रधानमंत्री की कार्यशैली को, सत्यता को नकारा नहीं जा सकता। हमें उनकी कार्यशैली, महानता को नज़रअंदाज़ नहीं किया जाना चाहिए। जब हम सत्यता की राह पर चलना शुरू कर देंगे तो नकारात्मक विचार हमारे ईर्द-गिर्द नहीं आ पाएँगे। राष्ट्रहित ही हमारी प्रमुखता होगी। जय हिन्द!

केवल कृष्ण वर्मा "कौस्तव टाइम्स "विकास न्यूज़

ॐ भारतीय जन विकास पार्टी 🙏

(सुख, शांति) हिन्दुस्तान की आज़ादी के बाद जिस सुख और शांति की कल्पना हिन्दू परिवार करते रहे, वह केवल इसलिए नहीं मिल पाई, क्योंकि हिन्दुस्तान की सत्ता पर मुस्लिम परिवारों में जन्म लेकर हिन्दू बने नेता मुस्लिम नीतियों को अपनाकर लोगों को गुमराह करने की कोशिश करते रहे। लोगों में भेदभाव पैदाकर अपनी राह आसान बनाते रहे। लोगों में मनमुटाव बढ़ता गया, जिसका लाभ कांग्रेस सरकार के नेताओं ने उठाया। हिन्दू मारे जाते रहे लेकिन मनमुटाव ख़त्म करने की कोशिश नहीं की। भारतीय इतिहास की पुरानी पुस्तकों को पढ़ने से पता चलता है कि जब तक भारत में पवित्रता थी, तब तक घरों में सुख, शांति और समृद्धि थी। ज्यों ज्यों धन बढ़ता गया, हमारी लालसा भी बढ़ती गई। एक दूसरे को नीचा दिखाने की कोशिश करने लगे। रिश्तों में दरारें आने लगी। अपने परिवार की ग़लतियों को नज़रअंदाज़ किया जाने लगा। अश्लीलता की सभी हदें पार होने लगी। अर्धनग्न शरीर दिखाने की होड़ लगी। तन पर कपड़े छोटे होने लगे। फटी पैंटों को फ़ैशन माने जाने लगा। भिखारियों के कपड़े फटे पुराने होते थे, लेकिन आज की युवा पीढ़ी फटी पैंटों, जींस को पसंद अधिक करती है। भिखारियों की तरह इन कपड़ों को धोने के लिए शायद साबुन भी उपलब्ध नहीं होता। इसीलिए कई दिन तक पहने हुए कपड़ों को धोया ही नहीं जाता और बहाना बनाया जाता है कि समय ही नहीं मिलता। मॉलों में घूमने का समय है। एक दूसरे की बाहों में बाँहें डालकर चलने का समय है। बड़े बड़े होटलों में बैठकर, खड़े होकर खाने का समय है। लेकिन घर की चारदीवारी के अंदर बनी रसोई में खाना बनाने का समय नहीं है। कहाँ से शुद्धता आएगी, कहाँ से बच्चों में अच्छे संस्कार आयेंगे। कब और कैसे भारतीय संस्कृति और संस्कारों को अपनाया जाएगा। बहुत सी ऐसी बातें हैं, जिस कारण हमारे अंदर की सुख शांति छिन सी गई है। हमारे पास अपार धन संपदा है, बड़ी बड़ी गाड़ियाँ हैं, बंगले हैं, लेकिन शांति नहीं है। हमारे विचार क्षीण हो चुके है। जिस परिवार को हम अपना परिवार समझने

की भूल करते हैं, वह परिवार हमारा नहीं है, यह शरीर जिसको बाहर से हम चमकाकर, दिखावे के लिए सुंदर बनाकर रखते हैं। वह सुन्दर शरीर भी कहाँ रहा, जब कोरोना वायरस ने अपना असर दिखाया। लाशों के ढेर लगे। संस्कार करने वाला भी अपना नहीं रहा। मृत शरीर की राख उठाने वाले भी अपने नहीं रहे। गंगा जी में अस्थियाँ बहाने वाला भी कोई अपना नहीं। इन हालातों में भी हम मनुष्य जीवन में अपनी " मैं" को ही बढ़ावा देते हैं। आज हम विदेशों में परिवार सहित घूमने चले जाते हैं। बड़े बड़े मॉलों में बच्चों को घुमाने ले जाते हैं। लेकिन जब बात मंदिर में जाने की आती है तो बच्चों का मुँह दूसरी ओर घूम जाता है। जब बचपन से ही बच्चों को अच्छे संस्कार नहीं दिए, संस्कृति नहीं दी, तो वे बच्चे बड़े होकर आपके बुढ़ापे का सहारा कैसे बन सकते हैं। अपने परिवार को बढ़ावा कैसे दे सकते हैं। जब युवा पीढ़ी अपने भविष्य की चिंता किए बिना नशे की लत लगा लेगी, उनके हाथों में जाम टकरा रहे होंगे, घर से भाग जाने की सोच होगी तो वे युवा पीढ़ी के बच्चे अपने परिवार, समाज और देश की चिंता क्यों करेंगे? सुरक्षित भविष्य की चिंता क्यों करेंगे? आज देश को उस युवा शक्ति की आवश्यकता है, जो अपने परिवार, समाज और देश के हित में निर्णय लेने की कोशिश करते हुए हिन्दुत्व की सोच को बढ़ावा दें। राष्ट्रहित को प्राथमिकता दें। लेकिन यह तभी हो सकता है, जब अपने बच्चों को अपनी अपार संपदा का घमंड दिखाना बंद कर देंगे। संध्या समय परमपिता परमात्मा को याद करके घर में कुछ देर शांति का, प्रसन्नता का अहसास होगा। आज हमारे प्रधानमंत्री नरेंद्र मोदी को हमारी इतनी आवश्यकता नहीं है, जितनी हमें उनकी आवश्यकता है। हमें ही उनके कुशल नेतृत्व को स्वीकार करना होगा। बच्चों और स्वयं को भी हैलो करने की बजाए जय श्रीराम, भारत माता की जय बोलने की आदत डालनी होगी और नमस्कार मुद्रा को ही अपनाना होगा। घर और बाहर बड़ों का आदर करना होगा। विशाल भारत की ओर कदम बढ़ाने होंगे। जय हिन्द!

केवल कृष्ण वर्मा "कौस्तव टाइम्स "विकास न्यूज़

ॐ भारतीय जन विकास पार्टी 🙏

(रिश्ते) हिन्दुस्तान की आज़ादी की पूर्व संध्या पर पंजाब (पाकिस्तान) में हिन्दुओं के खून से लाल होती धरती के बारे में हिन्दुस्तान की सत्ता पर विराजमान होने वाले नेता गांधी और नेहरू को भनक न लग पाना आश्चर्य का विषय है। आँख, कान और मुँह बंद कर बैठे रहे और पंजाब की धरती पर हिन्दुओं की लाशों के ढेर लगते रहे। जबकि गांधी, नेहरू और जिन्ना पाकिस्तान बनाने के इच्छुक रहे, जिन्हें हिन्दू पसंद नहीं थे। इन नेताओं के पाकिस्तान के आकाओं से बहुत ही गहरे रिश्ते थे। यदि रिश्ते नहीं होते तो हिन्दुस्तान आज़ाद होने के बाद पाकिस्तान को 55 करोड़ रूपया देने का क्या औचित्य था। गांधी ने दवाब क्यों बनाया? जो बातें वर्षों तक दवाब में नहीं खुल पाईं, अब सच्चाई सबके सामने निकलकर आ रही है। अब पछताए होत क्या, जब चिड़िया चुग गई खेत वाली कहावत यहाँ चरितार्थ होती है। जब हिन्दुओं का नरसंहार होता रहा, तब भी हिन्दू संगठित नहीं थे और आज भी मुफ्त में सुविधाएँ पाने के लिए ललायित रहने वाले हिन्दुओं को अपने देश, समाज और परिवार की सुरक्षा की चिन्ता कहीं नहीं सताती। उन्हें तो बिना परिश्रम किए मुफ्त में खाना और रहना चाहिए। यह बात याद रखना कि मुफ्त में सुविधाएँ पाने वाले ही आज के देशद्रोही नेताओं के इशारे पर आंदोलन करेंगे, अपने ही हिन्दुओं का नरसंहार करेंगे, लूटपाट मचाएँगे। आपसी रिश्तों में कड़वाहट पैदा होगी और हिन्दुओं के मारे जाने की खबरें टी वी मीडिया में रात दिन चलती नज़र आएँगी। रिश्तों में बढ़ती कड़वाहट न जाने कब ख़त्म होगी। क्या भरोसा है इस ज़िन्दगी का, जिसने कोरोना वायरस के दौरान लाखों लोगों को मौत का ग्रास बनाया। लेकिन हमें भूलने की आदत है। सन् 1947 में हुए नरसंहार को भूल गए। पंजाब में हुए हिन्दुओं के नरसंहार को भूल गए। पंजाब से बंगाल तक मारे गए हिन्दुओं को भी भूल गए। क्योंकि उनसे हमारा कोई आंतरिक संबंध नहीं थे। लेकिन जब हमारे देश के भीतर हिन्दुओं के दुश्मनों द्वारा हमला किया जाएगा तो उस समय हिन्दू संगठन क्षमता कहाँ

और कैसे लाएँगे। हमने तो बच्चों को शिक्षित करने के लिए विदेशों में भेज दिया। हमारी सुरक्षा के लिए कोई अपना भी नहीं होगा। क्योंकि जब हमारे ही पड़ौसी का हमारी आँखों के सामने कत्ल हो रहा था तो हम छिपकर कमरे में एक कोना ढूँढ रहे थे। हथियार चलाना हमें आता नहीं और सीखना भी नहीं चाहते। जबकि सुप्रीम कोर्ट का फ़ैसला है कि आप अपनी सुरक्षा में हथियार उठा सकते हैं। कब जागोगे? आज़ादी के वर्षों बाद राष्ट्रहित सोचने वाले प्रधानमंत्री नरेंद्र मोदी मिले हैं, लेकिन हम उनकी कार्यशैली को जानने की कोशिश भी नहीं करते। क्या हम हिन्दुओं को आंतरिक और बाहरी सुरक्षा नहीं चाहिए? कब तक सोए रहोगे। जागो देशवासियो, हाथ में गांधी की तरह डंडा ही उठाकर चल पड़ो, ताकि देशद्रोहियों को यह पता चल जाए कि हिन्दू जाग चुका है। जय हिन्द!

केवल कृष्ण वर्मा "कौस्तव टाइम्स "विकास न्यूज़

ॐ भारतीय जन विकास पार्टी 🙏

(बलिदान) हिन्दुस्तान की आज़ादी के दौरान गांधी, नेहरू, जिन्ना और अंग्रेज भारत माता के वीर सपूतों के साहस, बलिदान से हमेशा घबराए रहते थे। क्योंकि उन्हें सत्ता सुख हाथ से छिन जाने की चिंता सताए रहती थी। अंग्रेजों को पता चल चुका था कि अब यदि भारत को आज़ाद घोषित नहीं किया गया तो अंग्रेजों को भारत से निकलना भी मुश्किल हो जाएगा। भारत माता के वीर सपूतों के हाथों मारे जाएँगे। हमें भारत माता के वीर सपूतों के बलिदान से ही आज़ादी मिली। लेकिन आज़ादी के बाद सत्ता पर विराजमान होते ही देशभक्तों के बलिदान को भुलाकर गांधी और नेहरू महान बन गए। गांधी और नेहरू परिवार महान बनने का सपना कभी साकार नहीं होता, यदि पंजाब (पाकिस्तान) में हिन्दू मारे नहीं जाते। हिन्दुओं की कम होती आबादी, भरण पोषण के साधन उपलब्ध न होना, कई ऐसे कारण थे, जिससे गांधी और नेहरू परिवार को मजबूरी में नेता मानना पड़ा। जो परिवार मुगल शासकों की तरह हिन्दुओं पर भिन्न भिन्न प्रकार से अत्याचार करता रहा। कभी आतंकवाद तो कभी उग्रवाद, इन्हें सहारा देने वाला गांधी और नेहरू परिवार ही था। वैसे भी हिन्दुओं को मरवाना किसी भी नेता के लिए मुश्किल नहीं था। यदि मुश्किल था तो वह हिन्दुओं का संगठित न हो पाना। जिसका लाभ गांधी और नेहरू परिवार की नीतियों को अपनाकर चलने वाले अनेकों नेता हैं। जिनका वर्णन करने लगे तो असंख्य नाम मिल जाएँगे। वर्षों बाद हिन्दुओं के हित की सोच रखने वाले प्रधानमंत्री नरेंद्र मोदी की कार्यशैली को भी हम लोग अपने स्वार्थ के कारण जानना ही नहीं चाहते। वर्षों पहले एक राजा हो या प्रधानमंत्री उनके आगे नेता भी मुँह नहीं खोल सकते थे। आज तो देशहित सोचने वाले प्रधानमंत्री नरेंद्र मोदी को गालियाँ देने वाले अनेकों नेता हैं। उन नेताओं के साथ वे लोग भी शामिल हो जाते हैं, जिनके वर्चस्व की सोच हमारे प्रधानमंत्री को है। प्रधानमंत्री को गालियाँ देने वाले, नीचा दिखाने की कोशिश करने वाले, नेताओं द्वारा देश का ख़ज़ाना लूटने के लिए गठबंधन

बनाने की कोशिश भी इसलिए होती हैं क्योंकि उनके घर की तिजोरियाँ नोटबंदी के कारण ख़ाली हो चुकी है। विदेश में ऐसे देशद्रोही नेता जाना ही नहीं चाहते। क्योंकि ये नेता हम हिन्दुओं की कमज़ोरियों को जान चुके हैं। उन्हें पता है कि चंद सुविधाओं की घोषणा सुनते ही हम हिन्दू उन नेताओं का साथ देने के लिए निकल पड़ेंगे। यदि देश और आने वाली पीढ़ियों का भविष्य सुरक्षित रखना है तो हमें अपनी सोच को बदलना होगा। मुफ्त में सुविधाएँ पाने की लालसा का त्याग करना होगा। यहाँ तक कि प्रधानमंत्री को गालियाँ देने वाले नेताओं का बहिष्कार करने से पीछे नहीं हटें। जरा सोचिए कि जिस शांति से हम हिन्दू रहना चाहते थे, वह हमें किस प्रधानमंत्री के होते मिली। आतंकवादियों, उग्रवादियों को रोकने की क्षमता किस नेता में दिखाई दी। इसका श्रेय हमारे प्रिय प्रधानमंत्री नरेंद्र मोदी को जाता है। जिनके अदम्य साहस, कार्यशैली से हम हिन्दुओं को सुरक्षित रहने का सौभाग्य प्राप्त हो रहा है। आज हम हिन्दुओं के पास सभी सुख सुविधाएँ उपलब्ध हैं। विदेशी नेता भी हमारे प्रधानमंत्री नरेंद्र मोदी के आगे नतमस्तक हैं तो क्या हम अपने प्रिय प्रधानमंत्री नरेंद्र मोदी के कुशल नेतृत्व की प्रशंसा उन लोगों तक नहीं पहुँचा सकते, जो आज भी चंद सुविधाओं को पाकर अपना भविष्य अंधकारमय बना रहे हैं। हमें विशाल भारत का सपना साकार करना है तो जनसंख्या को बढ़ावा देते हुए संगठित भी होना होगा। जय हिन्द!

केवल कृष्ण वर्मा "कौस्तव टाइम्स "विकास न्यूज़

ॐ भारतीय जन विकास पार्टी 🙏

(आतंक) भारत की आजादी से पूर्व मुग़ल शासकों और अंग्रेजों का आतंक था। मुग़ल शासकों से मुकाबला करने की क्षमता भारत माता के वीर सपूतों में थी, हिन्दू धर्म की रक्षा करने का साहस था, अपने प्राणों की परवाह न कर हिन्दू धर्म को बचाना ही जिनका मुख्य लक्ष्य था, हमें उन्हें नमन करना चाहिए। हम हिन्दू तो मुगलों और अंग्रेजों के अत्याचारों को भूल गए। यह भी भूल गए कि आजादी हमें कितने बलिदान से मिली। इस आज़ादी की रक्षा करना हम सभी भारतीयों का कर्तव्य है, दायित्व है। लेकिन हम चंद सुविधाओं को पाने की लालसा में अपने परिवार के भविष्य को दाव पर लगा रहे हैं। हमारी आने वाली पीढ़ियों का भविष्य भी अंधकारमय बना रहे हैं। विश्वभर के हालातों को देखकर तो यही लगता है कि हमारी कम होती जनसंख्या का असर यहाँ भी पड़ेगा। हमारी आने वाली पीढ़ियों, सन्तानों को तो बहुत पहले ही जन्म देने से पहले ही हम लोगों ने स्वयं ही मौत की नींद सुला दिया। भारत की जननी के पेट में जन्म लेने जा रही कन्या का भ्रूण ही जन्म से पहले गिरा दिया गया। आज विवाह योग्य आयु निकल जाने के बाद विवाह बंधन में बंधने की सोचने वाले परिवार को बढ़ाने की आवश्यकता नहीं समझते। बुढ़ापे का सहारा भी छिनता सा दिखाई देता है। राष्ट्र की उन्नति भी एक दिन रूक जाएगी, जब मुफ्त में खाने वालों की शारीरिक क्षमता कम होती चली जाएगी। अब धन संपदा के पीछे भागना छोड़ कर राष्ट्र निर्माण की सोचें। भारत को हिन्दू राष्ट्र कैसे बनाना है, यह सोचें। हमें अपने देश को देशद्रोहियों से भी बचाना है। हमारे प्रधानमंत्री नरेंद्र मोदीजी जब विदेशी दौरे पर जाते हैं तो विश्वभर के नेता और वे देश जो विश्व शक्ति संपन्न मानते थे, आज भारत के प्रधानमंत्री के आगे नतमस्तक होते हैं। आतंक के साये से बाहर निकलने के लिए सभी देशों को हमारे प्रधानमंत्री में एक अद्भुत झलक नज़र आती है। देवतुल्य प्रधानमंत्री में एक अलग सी छवि दिखती है। हम सभी ने देखा कि कोरोना वायरस के संक्रमण से अपने देश को

बचाने के लिए सर्वप्रथम इंजेक्शन बनाने वाला भारत पहला देश बना। प्रधानमंत्री नरेंद्र मोदीजी ने विश्वभर में इन इंजेक्शन की उपलब्धता सुनिश्चित की और लोगों का जीवन बचाने का प्रयास किया। हमारे देश के भीतर पनप रहे नेताओं ने यहाँ भी भारत के लोगों को गुमराह करने की कोशिश की। भारत को आतंक के साये से बाहर निकालने के लिए भारतीय सीमा पर चौकसी बढ़ाई और आतंकियों को संदेश दिया कि भारत की सुरक्षा का दायित्व कमजोर कंधों पर नहीं है। आतंकियों के घरों में घुसा जा सकता है। लेकिन जब हमारे देश के भीतर ही देशद्रोही, गद्दारों और जयचंदों की फौज होगी तो उनका मुकाबला करने की, देश से बाहर निकालने की हिम्मत तो हमें ही बनानी होगी। भारत माता भी अपने बच्चों के उत्साह को देखना चाहती है। हमें सुरक्षित भारत बनाना है। देशद्रोहियों, गद्दारों और जयचंदों को उनकी औक़ात दिखाने का समय आ चुका है। हमें तो केवल संगठित होकर जय श्रीराम का उद्घोष करते हुए हाथों में झंडा लेकर चलना है। जय हिंद! जय श्री राम !

केवल कृष्ण वर्मा "कौस्तव टाइम्स"

ॐ भारतीय जन विकास पार्टी 🙏

(सहनशीलता) भारत की आज़ादी से पूर्व यदि देशभक्तों को सहनशीलता का पाठ अहिंसा के पुजारी गांधी द्वारा पढ़ाया जाता था तो आजादी के बाद हिन्दुओं को वही पाठ पढ़ाया जाता था। हिन्दुओं को मरने के लिए वापस पंजाब जाने की कहने वाला गांधी अंग्रेजों की देन के कारण ही राष्ट्रपिता बना, अहिंसा का पुजारी बना, क्योंकि अंग्रेजों को भारत में अपने पैर जमाए रखने के लिए गांधी और नेहरू जैसे चाटुकार, चापलूस चाहिए थे। अंग्रेज भारत माता के वीर सपूतों के बलिदान को देखते हुए भारत को छोड़कर जाने के लिए तैयार हो चुके थे, लेकिन हिन्दुओं को सहनशीलता का जो पाठ पढ़ाया गया, वह हिन्दुओं के लिए ही घातक बना। अंग्रेजों को भारत में रहने के लिये गांधी और नेहरू का समर्थन मिला। कई वर्षों तक अंग्रेज भारत की धरती पर बने रहे। भारत की आजादी के बाद अंग्रेज भारत छोड़कर चले गए, लेकिन अपने साथ गांधी और नेहरू को लेकर नहीं गए। गांधी और नेहरू को भारत की सत्ता का सुख भोगने के लिए भारत में ही छोड़कर चले गए। भारत तो छोटी छोटी रियासतों में बँटा हुआ था, जिसे लौह पुरुष सरदार वल्लभ भाई पटेल ने अपने साहसिक निर्णय से इकट्ठा किया। इतिहास गवाह है कि यदि कश्मीर के बहुत बड़े हिस्से पर क़ब्ज़ा पाकिस्तान का हुआ, तो इसके दोषी गांधी और नेहरू ही थे। सरदार पटेल को कश्मीर की ओर जाने से रोक दिया गया। गांधी और नेहरू की ग़लतियों के कारण कश्मीर समस्या का समाधान आज तक नहीं हो सका। इन दोनों नेताओं का लगाव पाकिस्तान से था। मुस्लिम परिवार में जन्म लेने के बावजूद हिन्दू बनकर भारत की सत्ता का सुख भोग रहे नेहरू ने देश को जातियों में बॉट दिया। देश में भ्रष्टाचार एवं अपराध को बढ़ावा दिया। इसी का परिणाम था कि नेहरू गांधी परिवार हिन्दुओं का नरसंहार, शोषण कराने में माहिर हो चुका था। आज़ादी के वर्षों बाद तक सत्ता सुख भोगने के बावजूद इस परिवार को यह बर्दाश्त नहीं है कि कोई हिंदू भारत का प्रधानमंत्री बनकर भारत की सत्ता पर विराजमान रहे। इसी

परिवार का चहेता अमेरिका, कनाडा, चीन में उन आतंकियों से मिलने के लिए तैयार रहता है, जो भारत में आतंकवादी गतिविधियों को बढ़ावा दे सकते हैं। भारत की अर्थव्यवस्था को धरातल पर लाने की कोशिश की जाती है। भारत में चौतरफ़ा विकास की गति पर भी लगाम लगाना चाहते हैं। ऐसा परिवार जो हिन्दुओं और सिखों की एकता को बर्दाश्त नहीं कर पाया, वह परिवार भारत में रह रहे मुस्लिम परिवारों को भी सुख से रहने कैसे देगा। अहिंसा के पुजारी गांधी की तरह स्वयं तो आंदोलन कर नहीं सकता, लेकिन अनगिनत धन के स्वामी होने के कारण मुफ्त में सुविधाएँ देकर किसान आंदोलन के नाम पर आतंक को बढ़ावा तो दे ही सकता है। दिल्ली की सीमाओं को बाधित कराकर आम जनता के बीच वैमनस्य तो पैदा कर ही सकता है। हमारे प्रधानमंत्री नरेंद्र मोदीजी सहनशीलता की पराकाष्ठा को पार करते जा रहे हैं। जिस दिन उनका त्रिनेत्र खुल गया, उस दिन गांधी, नेहरू परिवार जेल की सलाख़ों के भीतर होगा। भारत का जो ख़ज़ाना इस परिवार द्वारा विदेश में पहुँचाया जा चुका है, वह भारत आने में वापिस लाने में देर नहीं लगेगी। लेकिन इससे पूर्व हम भारतवासियों को संगठित होकर इस गांधी, नेहरु परिवार, देशद्रोही नेताओं, हिन्दुओं के दुश्मनों को यह संदेश देना होगा कि भारत हिन्दुओं का है। भारत के लोगों की सहनशीलता का सम्मान करें तो भारत में रहें, वरना पाकिस्तान चलें जाएँ। जय हिंद! जय श्री राम!

केवल कृष्ण वर्मा " कौस्तव टाइम्स"

ॐ भारतीय जन विकास पार्टी 🙏

(विश्वास) भारत की आज़ादी के बाद गांधी और नेहरू परिवार पर भारत की जनता का विश्वास था, भरोसा था। लेकिन यह विश्वास भी टूट गया, जब इस परिवार की सच्चाई सामने आई। यदि सच्चाई को सामने नहीं लाया जाता तो भारत के लोग हिन्दुओं के नरसंहार के लिए ज़िम्मेदार महात्मा गांधी और नेहरू परिवार को महान मानते रहते। इस परिवार ने हिन्दुओं का हित चाहने की बजाय मुस्लिम तुष्टिकरण को बढ़ावा दिया। जैसे गांधी भीतर से हिन्दुओं को मिटाने की साज़िश रचते रहे, वैसे ही नेहरू और उनका परिवार करता रहा। आज़ाद भारत में सत्ता लोलुप नेताओं के कारण ही इस गांधी, नेहरू परिवार से पीछा नहीं छुड़ाया जा सका। इंडिया गठबंधन का कोई भी ऐसा नेता नहीं होगा, जिसने सत्ता सुख पाने के लिए हिन्दुओं के नरसंहार में सहयोग नहीं दिया हो। जिस देश में हमारे वीर जवानों, सैनिकों के बलिदान के लिए हमारे देश में पनप रहे देशद्रोही नेताओं के द्वारा प्रूफ़ मांगे जाएँ, वह देश हिन्दू राष्ट्र कैसे बन सकता है। ऐसे नेता मुस्लिम राष्ट्र के लिए तो वोट बैंक बनाए रखने के लिए सहयोग दे सकते हैं, लेकिन हिन्दू राष्ट्र की बात सामने आते ही इन नेताओं के मुँह पर ताला लग जाता है। ऐसा लगता है कि इन नेताओं को जन्म भारत की जननी ने दिया ही नहीं। लेकिन हम इन नेताओं को चंद सुविधाएँ पाने के लिए अपना मानकर वोट देने निकल पड़ते हैं। हम देश के सुरक्षित भविष्य को नहीं देखते, राष्ट्र धर्म नहीं देखते। इन देशद्रोही नेताओं को वोट देते समय यह भूल जाते हैं कि हमारे हिन्दुओं के खून से इन नेताओं के हाथ रंगे पड़े हैं। हमें अपने राष्ट्र की चिन्ता नहीं, हमें अपनी आने वाली पीढ़ियों की चिन्ता नहीं। हमें अपने संस्कारों की चिन्ता नहीं। हमें तो चिन्ता केवल अपार संपदा को इकट्ठा कर तिजोरियों को भरने की है। हमें तो यह भी नहीं पता कि जिस धन का हम संग्रह करते जा रहे हैं, वह हमारा साथी कब तक बनकर रहेगा। इस संसार से विदाई लेते समय यह धन, हमारी अपार संपदा को यहीं रह जाना है। हिन्दू धर्म के दुश्मन सब कुछ हमारी

आँखों के सामने ही लूट कर ले जाएँगे और जाते जाते हमारी लाशों के ढेर लगा जाएँगे। अब वह समय दूर नहीं रहा। यदि हम हिन्दुओं ने अपनी संगठन क्षमता को नहीं बढ़ाया तो भविष्य में सूर्य की रोशनी भी हमारी आने वाली पीढ़ियों को नज़र नहीं आएगी। हमारा भविष्य भी अंधकारमय बन जाएगा। यदि सुरक्षित भविष्य चाहिए तो देशद्रोहियों से पीछा छुड़ाने के लिए अस्त्र शस्त्र चलाने की शिक्षा ग्रहण करने नें देरी न लगाएं। हमें अपने देश से यदि प्रेम है तो हिन्दू राष्ट्र विरोधियों को समय रहते सबक सिखाना होगा। भारत से बाहर खदेड़ना होगा। जय हिंद!

केवल कृष्ण वर्मा " कौस्तव टाइम्स "

ॐ भारतीय जन विकास पार्टी 🙏

(आयुष्मान योजना) भारत की आज़ादी के बाद केंद्र सरकार द्वारा सभी प्रकार के टैक्स लिए जा रहे थे लेकिन वर्षों से सीनियर सिटीज़न को जो सुविधाएं मिलनी चाहिए थी, वह नहीं मिली। हमारे द्वारा दिए गए टैक्स से सुविधाएँ पाने वाले नेताओं ने भी सीनियर सिटीज़न को सुविधाएँ देने में अपने आपको असहाय समझा। नेताओं के पास तो वैसे भी अनगिनत सुविधाएं आ जाती हैं। लेकिन बुढ़ापे में सीनियर सिटीज़न के लड़खड़ाते कदमों को ना तो उनकी अपनी संतान देखना चाहती है और ना ही सरकारी सुविधाओं को पाने वाले नेता और अधिकारी। हमारे देश के नेता और अधिकारी विदेशों में जाकर नए नए टैक्स लगाने की स्कीमें तो ढूँढ कर लाते रहे, लेकिन सीनियर सिटीज़न को सुविधाएं उपलब्ध कराने में नाकाम रहे। वित्त मंत्रालय द्वारा बजट पूर्व घोषणाएँ की जाती रही, लेकिन बजट में सब नदारद रही। यह कहावत तो सही चरितार्थ होती है कि वक़्त बदलते देर नहीं लगती। हमारे प्रधानमंत्री नरेंद्र मोदीजी ने सीनियर सिटीज़न को मेडिकल सुविधा उपलब्ध कराने के लिए आयुष्मान योजना को मंज़ूरी दी, लेकिन यहाँ भी राजनीतिक विद्वेष का लाभ उठाने वाले नेताओं और सरकारों ने इस योजना को लागू करने में असमर्थता दिखाई। दिल्ली देश की राजधानी और बंगाल ऐसे राज्य हैं, जहां सीनियर सिटीज़न को सुविधाएं देने का वादा पूरा नहीं किया जा सकता। वोट बैंक के लिए गंदी राजनीति करने वाले नेताओं को अपना बुढ़ापा नज़र नहीं आता। यदि सीनियर सिटीज़न अपने हाथों में डंडा लेकर अपनी आवाज़ को बुलंद करने के लिए निकल पड़े तो नेताओं को अपने बचाव का रास्ता भी नज़र नहीं आएगा। प्रधानमंत्री की योजनाओं को विफल करने की कोशिश करने वाले नेताओं का बहिष्कार करने के लिए तैयार होना पड़ेगा। सीनियर सिटीज़न को भारत सरकार द्वारा पेंशन तथा मेडिकल सुविधाएं उपलब्ध करानी चाहिए।मनरेगा जैसी स्कीमों में रूपया बहाया जा सकता है तो सीनियर सिटिज़न को सुविधाएं देने से वंचित क्यों रखा जा रहा है। नेताओं को तो

टैक्स में भी छूट मिलती है, लेकिन 60वर्ष की उम्र तक टैक्स देने वाले सुविधाएं क्यों नहीं पा सकते। फिक्स्ड डिपोजिट में, इंश्योरेंस में भी टैक्स फ्री क्यों नहीं किया जाता। सीनियर सिटीज़न की ऑंखों से बह रहे आंसुओं की कद्र कीजिए और केन्द्र सरकार को प्रमुखता से सीनियर सिटीज़न को राहत देने का प्रयास करना चाहिए। धन्यवाद!

केवल कृष्ण वर्मा "कौस्तव टाइम्स"

ॐ भारतीय जन विकास पार्टी

(दीपक) माँ भारती के सपुत्रो अपने भीतर एक ऐसा दीपक जलाओ जो हमारी आने वाली पीढ़ियों का भविष्य उज्जवल बना सके। धन दौलत के पीछे भागते हुए हमारी अभिलाषाओं का अंत कभी नहीं होगा। इस संसार से विदाई लेने से पूर्व हमें यह अहसास होना चाहिए कि हमें भारत की पवित्र धरती पर ही जन्म क्यों मिला। हम यहाँ जन्म लेने के बाद धन संग्रह करने के लिए नहीं आए हैं। हमें अपने परिवार, समाज और देश के लिए भी कुछ करना होगा। अपने बच्चों के दिलों में राष्ट्र प्रेम का दीपक जलाए रखना होगा। गीता ज्ञान को अपने अंदर धारण करना होगा। अपने युवा होते बच्चों को गीता ज्ञान पढ़ाना होगा। माँ भारती के प्रति अपने कर्तव्य को निभाना होगा। आज यदि हमारे देश के प्रधानमंत्री नरेंद्र मोदी भारत माता का वह सपना पूरा करना चाहते हैं, जो भारत को हिन्दू राष्ट्र बना सकता है तो हम सभी हिन्दुओं को भी एकजुट होकर भारत को हिन्दू राष्ट्र बनाने का संकल्प लेकर चलना चाहिए। देश के भीतर पनप रहे देशद्रोही नेताओं को भारत की धरती से बाहर निकालने का प्रयास करना चाहिए। हम जितना भी समय देशद्रोहियों, जयचंदों, गद्दारों को देश से बाहर निकालने के लिए लगा रहे हैं, ये क्षण हमारे सुखद भविष्य को अंधकारमय बना सकते हैं। अयोध्या में श्रीराम जन्मभूमि पर भव्य मंदिर निर्माण हुआ, लेकिन हम भारत माता के उन वीर सपूतों को तो भूल ही गए, जिन्होंने बाबरी मस्जिद को ध्वस्त कर अपने प्राणों की आहुति दी। भारत माता के उन वीर सपूतों के शरीर गोलियों से छलनी कर दिए गए। एक बार फिर मुगल शासकों के अत्याचार की कहानी को दोहराने वाले परिवार को भी महान बनाने की कोशिश की गई। हमें भारत माता के उन वीर सपूतों, शहीदों को नमन करना चाहिए, जिन्होंने अपने परिवार की सुरक्षा की चिन्ता नहीं की। उन वीर शहीदों ने भारत के इतिहास में लिखे उन पन्नों पर कालिख पोत दी, जिन पन्नों पर मुगल शासकों को महान बताया गया था। इतिहास में उन वीर शहीदों को हमेशा याद रखा जाएगा, जिन्होंने श्री राम जन्म भूमि को

हिन्दुओं के दुश्मनों से मुक्त कराने के लिए अपने हितों को त्यागकर बलिदान दिया। जब हम हिंदुओं में राष्ट्र के प्रति इसी प्रकार त्याग की भावना जागृत हो जाएगी तो हमारे किसी भी भव्य मंदिरों पर अत्याचारी मुगल शासकों का चिन्ह भी नज़र नहीं आएगा। हम हिन्दुओं को छोड़कर किसी भी अन्य समुदाय में जातपात को बढ़ावा नहीं दिया जाता तो क्या हम भी संगठित नहीं हो सकते। दुश्मनों का मुकाबला नहीं कर सकते। जय हिंद!

केवल कृष्ण वर्मा "कौस्तव टाइम्स"

ॐ भारतीय जन विकास पार्टी 🙏

(जीयो और जीने दो) भारत का इतिहास खोलकर पढ़ने की कोशिश करें तो पता चलेगा कि हिन्दुओं की अपनी कमज़ोरियों के कारण ही भारत गुलाम बना। हमारे पूर्वजों ने अपने जीने का अधिकार खो दिया। हिन्दुओं की आबादी होने के बावजूद साहस का परिचय नहीं दिया। दुश्मनों को उन्हीं की भाषा में उत्तर देने की हिम्मत नहीं जुटा पाए। क्योंकि हिन्दू संगठित नहीं थे। आज भी हिन्दू जात पात के चक्कर में उलझकर अपने अस्तित्व को बचाने की कोशिश नहीं कर रहे। अपने स्वार्थ के कारण भविष्य से खिलवाड़ कर रहे हैं। यदि किसी प्रदेश या शहर में हिन्दू संगठित होकर पत्थर बाजों को सबक सिखाने की हिम्मत जुटा पा रहे हैं तो हमारे देश का मीडिया इन ख़बरों को दबाने की कोशिश करता है। इसमें कोई दोराय नहीं है कि प्रधानमंत्री नरेंद्र मोदी के नेतृत्व में हिन्दुओं को संगठित होने की प्रेरणा मिली है। इसका लाभ हिन्दुओं को उठाना चाहिए। हिन्दुओं के दुश्मन नेताओं को सबक सिखाने का समय आ चुका है। देशद्रोही नेताओं को इतना विवश कर दो कि उनके मुँह से पहला अक्षर जय श्रीराम ही निकले। सफ़ेद वस्त्र पहनकर लोगों को गुमराह करने की कोशिश करते नेता नज़र आएँ तो हाथों में त्रिशूल और तिरंगा झंडा लेकर जय श्रीराम के नारे लगाने शुरू कर दो। विदेशों में जाकर भारत को नीचा दिखाने, बदनाम करने और नफ़रत फैलाने की कोशिश करने वाले नेताओं को भारत की धरती पर कदम रखने की अनुमति मत दो। देश के भीतर पनप रहे गद्दारों को भी अपने देश की पवित्र धरती से बाहर निकालने में आपसी सहयोग को बढ़ावा दें। हमारे दुश्मनों को जीयो और जीने दो के सिद्धांत पर चलने पर विवश कर दो। हमें भारत को हिन्दू राष्ट्र बनाना है तो हिन्दुत्व को ना चाहने वाले नेता हों या हिन्दुओं के दुश्मन, सभी का बहिष्कार करें। हिन्दुओं का हित ना चाहने वाला हमारे देश का नेता नहीं होना चाहिए। यह प्रयास हमें करना होगा। प्रधानमंत्री नरेंद्र मोदी तब तक हिन्दुओं के हित में कदम नहीं उठा सकते, जब तक हिन्दू एकजुट होकर अपने राष्ट्र धर्म को

निभाने के लिए एकजुट नहीं हो जाते। अपने बच्चों को गीता ज्ञान पढ़ाकर बलवान योद्धा बनाइए। भारत में गुरूकुल शिक्षा प्रणाली शुरू कीजिए। जहॉं बच्चों को शिक्षा के साथ अस्त्र शस्त्र चलाने की ट्रेनिंग भी मिले। ताकि जब कभी देश में हिन्दुओं के दुश्मन एक भी हिन्दू की हत्या करें, तो घर के कोने में छुपकर बचाव का रास्ता खोजने की ज़रूरत ही न पड़े। हमें अपने परिवार में से ही राष्ट्र की सुरक्षा के लिए बहादुर सपूत बनाने होंगे। परिवार नियोजन की बजाय जनसंख्या को बढ़ाना होगा। जय हिन्द!

केवल कृष्ण वर्मा " कौस्तव टाइम्स"

ॐ भारतीय जन विकास पार्टी

(जातिवाद) आज़ाद भारत में मुस्लिम नीतियों के समर्थक अहिंसा के पुजारी महात्मा गाँधी तथा पंडित बने चाचा नेहरू की काली करतूतों को भारत माता के लाल भी समझ नहीं पाए, जिन्होंने भारत को आज़ादी दिलाने के लिए महात्मा बने गांधी को अपना नेता मानने की सबसे बड़ी भूल की। आज़ादी के बाद तो भारत के हिन्दुओं को मुस्लिम नीतियों के समर्थकों को, अत्याचारी मुस्लिम शासकों को महान बताया गया। पंजाब में हिन्दुओं और सिखों को अलग-अलग रखने के लिए दुश्मनी के दरवाजे खुले रखे गए, जिसे हिन्दू समझ ही नहीं पाए और मृत्यु का ग्रास बनते रहे। बंगाल में हिंदुओं से हथियार जमा करा लिए गए और इसी काली रात को गांधी की मौजूदगी में हिन्दुओं की अपार संपदा को लूटा गया, हिंदुओं का नरसंहार हुआ। पाकिस्तान से आंध्र प्रदेश तक व्यापार के लिए सड़क खोलने के लिए सरकार पर दवाब बनाने वाले गांधी से पूछने की हिम्मत आज़ाद भारत के किसी भी नेता में दिखाई नहीं दी। यदि गांधी जीवित रहते तो भारत की आजादी के कुछ वर्षों बाद ही मुस्लिम आबादी हिन्दुओं को मौत के घाट उतार चुकी होती। अपने आज़ाद भारत में ही हिन्दू अल्पसंख्यक बन जाते। हिन्दुओं की बहिन बेटियों को सरेआम उठा लिया जाता। हिन्दुओं को लहू लुहान किया जाता और पुलिस द्वारा भी कोई कार्यवाही नहीं होती। आज भी हम सब कुछ देखकर, जानकर भी अनजान बने बैठे हैं। हमारे ही परिवार की बेटियां लव जेहाद के चक्कर में फँसकर अपना जीवन बर्बाद कर रही हैं। लव जेहाद में फँसने वाली हिन्दू परिवार की बेटियां क्या हिन्दू पुत्रों को जन्म दे पाएंगी। मुस्लिम युवाओं को आज देश और विदेश से मिल रहा रूपया हिन्दुओं की बेटियों का शोषण करने के लिए ही तो मिल रहा है। धर्म परिवर्तन कराने के लिए मिल रहा है। हिन्दू परिवार जब तक संगठित होने की सोचते हैं, तब तक तो हिन्दू परिवार की बेटियों को मौत के घाट उतारकर दफ़ना दिया जाता है। हिन्दू तो अपने परिवार की बेटियों को रोक ही नहीं पाते। ऐशो आराम की ज़िन्दगी जीने

वाले माता पिता अपने बच्चों की दिनचर्या पर ध्यान ही नहीं देते। हमारे ही बच्चे सनातन संस्कृति और संस्कारों से दूर होते जा रहे हैं। इसका दोषी कोई और नहीं, हम हिन्दू ही हैं, जो विवाह की उम्र देखते हुए भी जानबूझकर अंजान बने रहते हैं। इन हालातों में हमारे भारत में बदलाव कैसे होगा? हमारी मरने की इच्छा नहीं होगी, फिर भी दुश्मनों के हाथों मरना पड़ेगा। वह शिक्षा, धन दौलत किस काम की रहेगी, जब हम अपनी सुरक्षा स्वयं करने की क्षमता जुटा नहीं पाते। अस्त्र शस्त्र चलाने की शक्ति पैदा नहीं करते। जय हिंद!

केवल कृष्ण वर्मा " कौस्तव टाइम्स"

ॐ भारतीय जन विकास पार्टी 🙏

(शांति) भारत की आज़ादी से पूर्व और बाद में भी हिन्दुओं के दिलों में शांति को रहने नहीं दिया गया। अंग्रेजों के चापलूस नेताओं गांधी, नेहरु और जिन्ना ने भारत विभाजन के दौरान चारों ओर से हिंदुओं के दुश्मनों को बसाने की साज़िश रची। यदि पाकिस्तान को आजादी की घोषणा भारत की आजादी की घोषणा के बाद होती तो पंजाब (पाकिस्तान) में हिन्दुओं का नरसंहार, कत्लेआम नहीं होता। हमारे हिन्दू परिवार शांति से भारत की धरती पर पहुँच जाते। हिन्दू शांतिप्रिय होने के कारण मुसलमानों को भारत छोड़ने का समय और रास्ता भी देते। लेकिन हिन्दुओं के दुश्मन नेताओं को यह बर्दाश्त नहीं था। हिन्दुओं को आज़ादी के बाद भी गुलाम बनाए रखने की साज़िश रची जाती रही। आज़ाद भारत में पंजाब से बंगाल तक हिंदुओं को मरवाया जाता रहा। हिन्दुओं को मरवाने के लिए शांति का पाठ पढ़ाया जाता रहा। हिन्दू तो स्थिरता लाने की कोशिश करते रहे। लेकिन देशद्रोही नेताओं को बर्दाश्त कैसे होता, जब उनमें हिन्दू प्रवृति का नाम ही नहीं था। मुस्लिम परिवारों में जन्म लेने वाले हमारे नेता बनकर हिंदुओं को गुमराह करते रहे, अपमानित करते रहे। हिन्दुओं की वीरता, क्षमता को नगण्य करने की कोशिश की जाती रही। हिन्दू अपनी बुद्धिमत्ता का प्रयोग नहीं कर पाए। गीता ज्ञान को भी भूल गए। श्री गीता में भगवान कृष्ण द्वारा दिए उपदेशों को पढ़ने से, सुनने से प्राप्त ज्ञान को अपने अंदर धारण करने से मनुष्य शरीर में शक्ति का संचार होता, लेकिन हिन्दू तो धन कमाने की लालसा में विदेशों में जाकर बसने लगे। विदेशी संस्कारों को अपनाकर भारत माता के प्रति अपने कर्तव्य को भी भूल गए। अश्लीलता को बढ़ावा दिया गया। भारतीय वेशभूषा को तिलांजलि दी गई। हिन्दुओं की संस्कृति और संस्कार भूल गए। जब विदेश में विपत्तियों का सामना करना पड़ा तो भारत की याद आई। विदेशी धरती पर हिन्दू कहीं भी सुरक्षित नहीं हैं। वह दिन दूर नहीं, जब भारत के लोगों को अपने देश भारत में ख़ाली हाथ लौटना पड़ेगा। अमेरिका, कनाडा, बांग्लादेश में बहुत बड़ी

संख्या में भारतीय आबादी है, लेकिन संगठित वहाँ भी नहीं हैं। वहाँ भी हिन्दुओं पर प्रहार किया जाता है। हिन्दुओं के पवित्र स्थलों, मंदिरों को तोड़ा जाता है। हिन्दुओं की सबसे बड़ी भूल यह भी है कि हिन्दू भारत माता के उन वीर सपूतों, योद्धाओं को भूल गए, जिन्होंने हिन्दू धर्म की रक्षा के लिए अपने प्राणों का त्याग किया। विश्वभर के हालातों को देखते हुए हिन्दुओं को एकजुट होना पड़ेगा। यह धन दौलत तभी काम आएगी जब हिन्दू जातपात के भेदभाव को मिटाकर अपने परिवार, समाज और देश के लिए समर्पित भावना से कार्य करेंगे। हिन्दुओं पर हो रहे हमलों का जवाब देने की हिम्मत पैदा करें। राष्ट्र के विकास में अहम भूमिका निभाएँ। जय हिंद!

केवल कृष्ण वर्मा "कौस्तव टाइम्स"

ॐ भारतीय जन विकास पार्टी 🙏

(घाव) भारत की आज़ादी के बाद हिन्दुओं को मिले घावों की गिनती करना आसान नहीं है। जिस प्रकार अत्याचारी मुग़ल शासकों द्वारा हिन्दुओं पर अत्याचारों, घावों को भुलाया नहीं जा सकता, यहाँ तक कि इतिहास की पुस्तकों से भी निकाला नहीं जा सकता। वही इतिहास आजादी के बाद गांधी और नेहरु परिवार द्वारा रचा गया। पंजाब से बंगाल तक हिन्दुओं के मरने का दुख ना तो अहिंसा के पुजारी गांधी को था और ना ही नेहरू परिवार को था। हमारे भारत के हिन्दू परिवार विदेशों में जाकर बसने लगे। बड़े बड़े वैज्ञानिक विदेश में जाकर बसने लगे। जो हथियार भारत की धरती पर बन सकते थे, इसकी टेक्नीक तो विदेशियों के हाथ लगी। क्योंकि भारत में ऐसे महान वैज्ञानिकों की गांधी और नेहरू परिवार के होते कोई आवश्यकता ही नहीं थी। आज भारत ही नहीं, विश्वभर में हिन्दू परिवारों की सुरक्षा दॉव पर लगी है। कनाडा में हिन्दू मंदिर पर हुआ हमला एक शुरुआत है। यदि हिन्दू इन हालातों को जानकर भी चुप रहते हैं तो भविष्य को सुरक्षित समझने की भूल न करें। ऐसी घटनाएँ कहीं भी, कभी भी हो सकती हैं। हम हिन्दू इससे पूर्व भी कभी अपने हिन्दू परिवारों के बचाव के लिए आगे बढ़ कर नहीं आए। हिन्दुओं को अकेले चलने की आदत छोड़नी ही होगी। हिन्दुओं के दुश्मन वे सभी नेता हैं, जो हिन्दू विरोधी हैं, हिन्दू धर्म के विरोधी हैं, हिन्दू राष्ट्र के विरोधी हैं, यहॉं तक कि प्रभु श्रीराम के भी विरोधी हैं। इंडिया गठबंधन बनाकर हिन्दुओं के हितैषी ना होकर मुसलमानों के हितैषी बनने की कोशिश करते ही रहते हैं। हिन्दुओं द्वारा दिए गए टैक्स का भरपूर लाभ उठाने वाले नेता जब वोट बैंक बनाने के लिए मुफ्त में राशन, मुफ्त में सुविधाएँ बॉटने की घोषणा करते हैं तो वे मुफ्त में सुविधाएँ पाने वाले लोगों की शारीरिक क्षमता को भी ख़त्म कर देते हैं। मुफ्त में सुविधाएँ पाने वालों को शारीरिक शोषण होता है, जिसे वे जानना ही नहीं चाहते। हिन्दुओं को हिन्दू धर्म निभाने के लिए, हिन्दू राष्ट्र बनाने के लिए वीर योद्धा बनना होगा। हिन्दू राष्ट्र की बात न करने वालों को

सबक सिखाना ही होगा। हिन्दुओं को ही आवाज़ उठानी होगी कि किसी भी ऐसे नेता को हमारे द्वारा दिए गए टैक्स से सुविधा नहीं मिलनी चाहिये, जो हिन्दू राष्ट्र के विरोधी हैं। जो हमारे प्रिय प्रधानमंत्री नरेंद्र मोदीजी को विदेशों में जाकर बदनाम करने की कोशिश करते हैं और हिन्दुस्तान में रहकर पाकिस्तान के समर्थक बनकर प्रधानमंत्री नरेंद्र मोदी को गालियाँ देते हैं। खुलकर बहिष्कार तो हिन्दुओं को करना है। हाथ में त्रिशूल, माथे पर तिलक, जय श्रीराम, जय हनुमान के नारे लगाने के लिए तैयार हो जाइए। सोए हुए हिंदुओं को जगा दीजिए। जय हिंद!

केवल कृष्ण वर्मा "कौस्तव टाइम्स"

ॐ भारतीय जन विकास पार्टी

(घृणा) भारत के हिन्दुओं में जागृति लाना ज़रूरी हो गया है। हिन्दुओं को अपने धर्म की, अपने राष्ट्र की चिन्ता नहीं है। आज भी हिन्दू यह सोचते हैं कि प्रधानमंत्री नरेंद्र मोदी के होते बिना कर्म किए हम सुरक्षित हैं। यह सोचना हमारी भूल है। जब हमारे भव्य सोमनाथ मंदिर पर आतंकी मुगल शासकों, मुग़ल सेना द्वारा आक्रमण किया गया तो वहाँ के पुजारी, हिन्दू यही सोचते रहे कि सोमनाथ हमारी रक्षा करेंगे। लेकिन ऐसा नहीं हुआ और मंदिर के ख़ज़ाने को लूटकर मुगल ले गए। मंदिर को तोड़कर हिन्दुओं को यह सोचने पर मजबूर कर दिया कि कर्म करो। गीता ज्ञान भुलाओ नहीं। हिन्दू तो पैदा ही भूलने के लिए हुआ है। पंजाब से बंगाल तक यदि हिन्दू मारे जाते हैं तो देश के भीतर मीडिया इस न्यूज़ को छुपाने की कोशिश देशद्रोहियों के प्रभाव में करता है। न्यायपालिका भी देशद्रोही नेताओं, आतंकियों का सहारा है। हिन्दुओं का सहारा कोई नहीं है। क्योंकि हम जातपात के भेदभाव में बंटे हुए हैं और बंटे ही रहेंगे। हिन्दुओं को अपने ही हिन्दू भाइयों, नेताओं की चिंता नहीं है। हमारा नेता तो वह होना चाहिए, जो हिन्दू राष्ट्र को सर्वोपरि माने। लेकिन ऐसा हो नहीं पाता। हमारे देश के भीतर हम उन नेताओं को पनपने का स्वयं ही अवसर देते हैं, जो वास्तव में देशद्रोही हैं, हिन्दुओं के दुश्मन हैं। हम उन नेताओं और उस परिवार का बहिष्कार करने की बजाय समर्थन करते हैं, जो हिन्दू प्रवृति के कभी बन ही नहीं सकते। हिन्दुओं के पास धन संपदा की कमी नहीं है। यदि कमी है तो वह है हिन्दू होकर भी हिन्दू नहीं बन पाते। वीर योद्धा नहीं बन पाते। हाथों में अस्त्र शस्त्र उठाने की हिम्मत नहीं जुटा पाते। जहाँ मुफ्त में सुविधाएँ मिलने की संभावना नज़र आई, वहीं लालसा टपक पड़ी। वहाँ हिन्दू होकर भी हिंदू धर्म निभा नहीं सके। हिन्दुओं के अंदर की इंसानियत मर जाती है। हिन्दू बिखर जाते हैं। बड़े बड़े पंडालों में विवाह समारोह आयोजित करने वाले हिन्दू भी धर्म प्रिय नहीं हैं। विवाह पूर्व प्री वेडिंग के नाम पर अपने युवा बच्चों के भविष्य से खिलवाड़ करने वाले माता-पिता

हिन्दू नहीं बन सकते। ऐसे सिस्टम को चलाने वाले भी हिन्दू नहीं हैं। यह उस बॉलीवुड की देन है, जिस पर हिन्दुओं के दुश्मनों का क़ब्ज़ा है। आज भारतीय सिनेमाघरों, टी.वी. चैनलों पर जितने भी सीरियल दिखाए जा रहे हैं, वह हमारे हिन्दू समाज से मेल नहीं खाते, लेकिन हम देखते हैं। क्योंकि वहाँ अश्लीलता को प्रमुखता से दिखाया जाता है। यही अश्लील दृश्य हमारे समाज, हमारी सभ्यता, संस्कृति और परिवार को बर्बाद कर रहे हैं। लेकिन हम स्वीकार कर रहे हैं, जिससे हिन्दुओं के दुश्मन बॉलीवुड को पनपने का अवसर मिलता है। हिन्दू होकर बहिष्कार क्यों नहीं करते। अपने परिवार का सुरक्षित भविष्य चाहिए तो घृणा के पात्रों का बहिष्कार करना होगा। जय हिन्द!

केवल कृष्ण वर्मा "कौस्तव टाइम्स"

ॐ भारतीय जन विकास पार्टी 🙏

(भरोसा) भारत देश हमारा, हम हिन्दुओं का है, लेकिन हम हिन्दुओं ने उस अहिंसा के पुजारी गाँधी पर भरोसा किया, जिसने हिन्दुओं के नरसंहार में अहम भूमिका निभाई, फिर भी गांधी महान बना रहा। महात्मा बनकर भारत के लोगों को गुमराह करता रहा और रातों रात हिन्दुओं के खून से धरती लाल होती रही। भारत की नारियों का संदूर उजड़ता रहा। हिन्दू महिलाओं को यह कहा जाता रहा कि मुसलमानों के साथ जीने की आदत डाल लो। जहॉं कहीं हिन्दुओं ने हथियार उठाए तो उन्हें शांति का पाठ पढ़ाया जाता रहा। आज़ादी के वर्षों बाद भी हिन्दू मुर्ख बने रहे। भारत में हिन्दू विरोधी सरकार हिन्दुओं की ग़लतियों के कारण बनती रही। हिन्दू अपनी संगठन क्षमता को कभी उजागर नहीं कर पाए। यदि हिन्दुओं को जातपात के भेदभाव में उलझाया नहीं गया होता तो हिन्दू परिवारों को बिखरने का मौक़ा ही नहीं मिलता। एक संयुक्त परिवार की परिभाषा ही बदल गई, जब अपने ही समाज के लोग हिन्दू संस्कृति और संस्कार को मिटाने लग गए। विदेशों में जाकर बसने लगे। जिसे हमारे देश की सत्ता पर विराजमान नेताओं ने रोकने की कोशिश नहीं की। गांधी और नेहरु परिवार तो हमेशा यही चाहता आया है कि हिंदू भारत से बाहर चले जाएँ ताकि भारत को हिन्दू राष्ट्र बनने की बजाए मुस्लिम देश बनाने में कोई परेशानी ना उठानी पड़े। इसी का परिणाम है कि आज़ाद भारत हिन्दुओं का होने के बावजूद मुस्लिम आबादी को बढ़ावा दिया जाता रहा। भारत में हिन्दुओं की जनसंख्या कम होती चली गई। हिन्दुओं की ज़मीनों पर क़ब्ज़ा करने के लिए वक़्फ़ बोर्ड बना दिए गए। वक़्फ़ बोर्ड का नाम आते ही हिन्दुओं की ज़मीन जायदाद हड़पने का खेल शुरू हो जाता है । हिन्दुओं को मजबूरन वह क्षेत्र छोड़ना पड़ता है। कितने आश्चर्य की बात है कि हिन्दुओं के क्षेत्र में मुस्लिम समुदाय आसानी से रह सकता है, लेकिन मुसलमानों के क्षेत्र में हिन्दू रहननहीं पाते। हिन्दू नर्वस होकर अपनी ज़मीन जायदाद सस्ते दामों पर बेचकर कहीं और टिकाना ढूंढते हैं। जहॉं हमारी सरकार कोई

सहायता नहीं देती। यदि मुस्लिम बेघर हो जाएँ तो उनके रहने के लिए सभी इंतज़ाम रातों रात हो जाएँगे। हिन्दू अपने ही भारत में कुछ वर्षों में अल्पसंख्यक बन जाएँगे। जिसे रोकना आसान नहीं होगा। क्योंकि हमारे देश के भीतर पनप रहे नेताओं की फ़ौज हिन्दुओं के दुश्मनों की ताक़त है। यदि हम हिन्दुओं ने अपने सुरक्षित भविष्य की चिंता नहीं की तो वह दिन दूर नहीं, जब हिन्दू अपने अस्तित्व की लड़ाई भी लड़ नहीं पाएँगे। भारत कभी हिन्दू राष्ट्र नहीं बन पाएगा। हम हिन्दू, हिन्दू कहलाने लायक़ नहीं रह पाएंगे। हिन्दुओं को यदि भारत की पवित्र धरती पर गर्व से रहना है, सीना चौड़ा कर रहना है तो जातपात के भेदभाव कि मिटाकर भारतीय हिन्दू बनना होगा। जनसंख्या को बढ़ावा देना होगा। अस्त्र शस्त्र चलाने की शिक्षा लेनी ही होगी। भारत के प्रधानमंत्री नरेंद्र मोदी के कुशल नेतृत्व, मार्गदर्शन में कदम आगे बढ़ाने का संकल्प लें। जय हिन्द!

केवल कृष्ण वर्मा " कौस्तव टाइम्स "

ॐ भारतीय जन विकास पार्टी 🙏

(उम्मीद) भारत की आज़ादी के दौरान अहिंसा के पुजारी महात्मा गांधी को भारत माता के वीर सपूत भी जान नहीं पाए कि वास्तव में गांधी कौन है? महात्मा बने गांधी की विचारधारा देश की आजादी के लिए संघर्ष कर रहे वीर सपूतों से अलग थी। अंग्रेजों ने महात्मा गांधी की सही पहचान को उजागर होने ही नहीं दिया। गांधी भीतरघात करने में माहिर थे। भारत की आजादी की लड़ाई लड़ने वाले देशभक्त गांधी को पसंद नहीं थे। भारत माता के वीर सपूतों को गांधी का घृणा पात्र बनना पड़ता था। गांधी द्वारा अपनी माँग मनवाने के लिए आन्दोलन की धमकी देशभक्तों को परेशानी में डाल देती थी। पाकिस्तान की आज़ादी की घोषणा होते ही हिन्दुओं को जान बचाने के लिए अपनी अपार संपदा को छोड़कर अपने भारत में शरण लेनी पड़ी। हिन्दुओं को अहिंसा के पुजारी गांधी से बहुत उम्मीदें थीं। लेकिन गांधी और पंडित बने नेहरू के दिल और दिमाग़ में हिन्दुओं के प्रति नफ़रत भरी हुई थी। आज़ादी के बाद भारत में पंडित बने जवाहर लाल नेहरू को प्रधानमंत्री बनाने में महात्मा बने गांधी की विशेष कृपा रही। सरदार पटेल गृहमंत्री बनाए गए। लौह पुरुष सरदार वल्लभ भाई पटेल ने भारत की एकता को बनाए रखने के लिए ही सभी छोटी बड़ी रियासतों का भारत में विलय कराया। आज़ाद भारत में हिन्दू नेताओं को दबाए रखने की कोशिश की जाती रही। लोकतांत्रिक संविधान में हिंदुओं को दबाए रखने के लिए मुस्लिम नीतियों को ही अपनाया गया। मुसलमानों को प्राथमिकता देने की कोशिश की जाती रही। जब सरदार पटेल का देहांत हुआ तो लौह पुरुष के संस्कार में भारत सरकार का कोई योगदान नहीं था। यहाँ तक कि भारत सरकार का कोई भी मंत्री या अधिकारी संस्कार में शामिल नहीं हो सकता था। डॉक्टर राजेन्द्र प्रसाद भारत के प्रथम राष्ट्रपति थे, लेकिन वह भी गांधी और नेहरु की पसंद नहीं रहे। हिन्दू तो गांधी और नेहरु परिवार की आँखों को भाते ही नहीं थे। लेकिन आश्चर्य तो इस बात का होता है कि हिन्दू मेहनत मजदूरी करके अपना जीवन

यापन शांति से करना चाहते थे, लेकिन भारत के दोनों महान नेताओं को यह भी पसंद नहीं था। भारत में ही एक और पाकिस्तान बनाने की प्रबल इच्छा इन दोनों नेताओं में होने के बावजूद पूरी नहीं हो पाई क्योंकि भारत में राष्ट्रीय स्वयंसेवक संघ के प्रचारक, सदस्य देश के लिए अपनी अहम भूमिका निभाने के लिए तैयार रहते थे। मुस्लिम नीतियों के समर्थक इन नेताओं का विरोध करने की क्षमता यदि भारत के सभी हिन्दुओं में होती तो वर्षों तक गांधी नेहरू परिवार सत्ता पर विराजमान नहीं रह पाते। हिन्दू भारत की आज़ादी से पूर्व भी शांति चाहता था और आज भी चाहता है। लेकिन यह शांति क्षणभंगुर तब हो जाती है, जब देशद्रोही नेताओं की फ़ौज हिन्दुओं को मारने और मरवाने की साज़िश रचती है। आज़ादी के वर्षों बाद हिन्दुओं में एक राष्ट्र पुत्र के प्रधानमंत्री बनते ही देशभक्ति की भावना पैदा होने लगी है। हिन्दू अपने आपको हिन्दू समझने लगा है। हिन्दुओं को दबाए रखने के लिए श्री कृष्ण भगवान द्वारा दिए गए उपदेश, जिसका वर्णन श्री गीता जी के 18 अध्याय में है, इन्हें पढ़ाए जाने की पाबंदी स्कूलों और कॉलेजों में नहीं होती तो आज भी भारत में वीर सपूतों की कमी नहीं होती। महाभारत युद्ध में कौरव सेना को मार गिराने का साहस यदि पांडव सेना में था तो क्या वह साहस प्रधानमंत्री नरेन्द्र मोदी के कुशल मार्गदर्शन में भारत के हिन्दुओं में नहीं हो सकता। भारत के शान्तिप्रिय हिन्दुओं में देशद्रोहियों को सबक सिखाने के लिए, अपने सुरक्षित भविष्य के लिए राष्ट्र प्रेम होना ज़रूरी हो गया है। जय हिंद!

केवल कृष्ण वर्मा " कौस्तव टाइम्स"

ॐ भारतीय जन विकास पार्टी

(बाल दिवस) भारत की स्वतंत्रता के बाद हिन्दुओं को गुमराह करके सत्ता पर विराजमान रहने वाले प्रथम प्रधानमंत्री पंडित बने जवाहरलाल नेहरु का जन्म दिवस हम बाल दिवस के रूप में मनाते आ रहे हैं। जन्म दिवस तो हम महात्मा बने गांधी का भी मनाते आ रहे हैं। लेकिन हम हिन्दुओं ने इन नेताओं की बर्बरता को जानने की कोशिश क्यों नहीं की। हिन्दुओं ने मुग़ल शासकों के अत्याचारी शासन को भुला दिया। अंग्रेजों की कठोर यातनाओं, हिन्दुओं पर अंग्रेजों द्वारा किए अत्याचारों को भी भूल गए। इतिहास गवाह है कि जवाहरलाल नेहरु और गांधी हिन्दू विरोधी नेता थे। यदि ये दोनों नेता हिन्दू प्रवृति के होते तो हिन्दुओं को कभी जातपात के भेदभाव में उलझाकर अपना उल्लू सीधा नहीं करते। हिन्दुओं का कभी कहीं भी नरसंहार नहीं होता। गांधी तो जहाँ भी गए, हिन्दुओं ने अपना नेता माना। लेकिन उसी नेता के वहाँ मौजूद रहते हिन्दुओं का नरसंहार होता रहा। वहाँ मौत का खुला तांडव रचा जाता रहा। हिन्दू परिवार तो यह भी भूल गए कि गुरू गोविन्द सिंह जी के चारों पुत्र हिन्दू धर्म की रक्षा के लिए शहीद हुए। मुगल शासकों ने गुरू जी के दो बच्चों को दीवारों में ज़िन्दा ही चुनवा दिया और दो युद्ध में शहीद हुए। हमें यदि बाल दिवस ही मनाना है तो हमें गुरू गोविन्द सिंह जी के उन वीर सपूतों का स्मरण करते हुए मनाना चाहिए, जिन्होंने अपने प्राणों को भारत माता के चरणों में हिन्दू धर्म की रक्षा के लिए त्याग दिया। नेहरू और गांधी के जन्म दिवस को मनाना बंद कीजिए। भारतीय मुद्रा पर गांधी का चित्र लगाना बंद कीजिए। गांधी की समाधि पर नतमस्तक होना बंद कीजिए। यदि हिन्दू अपने पूर्वजों के खून की क़ीमत नहीं समझते तो हिन्दू भविष्य में भी सुरक्षित नहीं रह पाएंगे। महाभारत युद्ध में श्री कृष्ण भगवान ने अभिमन्यु को आशीर्वाद दिया कि यशस्वी बनो। हम हिन्दुओं को भी अपने प्रधानमंत्री नरेंद्र मोदी को यशस्वी बने रहने के लिए परमपिता परमेश्वर से प्रार्थना करनी चाहिए। विश्वभर के हालातों पर नज़र डालें तो हमारे देश के

प्रधानमंत्री नरेंद्र मोदीजी को सर्वश्रेष्ठ नेता माना जाता है। विश्वभर में शांति बनाए रखने के लिए विश्व के सभी देशों के नेताओं को मोदीजी से अधिक शक्तिशाली प्रधानमंत्री, नेता नज़र नहीं आता। लेकिन भारत के भीतर बैठे विपक्षी नेताओं को मोदीजी में कमियॉं नज़र आने का कारण केवल यह है कि उनके घरों में पड़ी तिजोरियाँ ख़ाली होती जा रही हैं। हम हिन्दुओं को यह कोशिश करनी चाहिए कि अब हिन्दू राष्ट्र बनने तक इन देशद्रोहियों की तिजोरियाँ भरने ना पाएँ। जय हिन्द!

केवल कृष्ण वर्मा" कौस्तव टाइम्स"

ॐ भारतीय जन विकास पार्टी

(प्रशंसा) भारत की आज़ादी के बाद हम हिन्दुओं को ऐसी पुस्तकें पढ़ने को दी गई, जिनमें मुग़ल शासकों की प्रशंसा करते हुए महान बताया गया। मुस्लिम परिवार में जन्में गांधी और नेहरू को महान बताया गया। दोनों नेता मुस्लिम परिवारों से संबंधित होने के कारण ही भारत के शिक्षा मंत्री मुसलमान ही बनाए गए। हमारे देश के इन महान नेताओं को हिन्दू मंत्री पसंद ही नहीं थे। लौह पुरुष सरदार पटेल जैसे कई अन्य नेता इन दोनों महान नेताओं के आगे विवश दिखाई दिए। वरना कश्मीर की धरती को पाकिस्तान कभी हथिया नहीं सकता था। हिन्दुओं के नेता बनकर हिन्दुओं को ही गुमराह किया जाता रहा। इन दोनों नेताओं की मृत्यु के बाद नेहरू परिवार गांधी बनकर रहा। मुस्लिम तुष्टिकरण को बढ़ावा दिया गया। आज़ाद भारत में आतंकवादियों, उग्रवादियों को पनाह मिली और हिन्दुओं का नरसंहार होता रहा। आज़ाद भारत में भी हिन्दुओं की राह आसान नहीं थी। मुस्लिमों को ही संत बना दिया गया। साईं बाबा को ही देख लीजिए। हमारे हिन्दू परिवार साईं दरबार जाकर दान स्वरूप रूपया वहाँ पड़ी पेटियों में डालकर आते हैं और वह मुस्लिम परिवारों में, मदरसों में आतंकवाद को बढ़ावा देने के लिए चला जाता है। यदि यही रूपया मदरसों में मुस्लमानों को आतंकवादी बनाने की बजाए शिक्षित करने पर लगाया जाता तो मुस्लमानों को आतंकवादी बनने का अवसर ही नहीं मिलता। मुस्लमान भारत के विकास में सहायक होते। लेकिन भारत में मुस्लिम नीतियों का समर्थन करने वाले अनेकों नेता पैदा होने लगे। जिन्होंने मुस्लिम वोट बैंक बनाए रखने के लिए हिन्दुओं का नरसंहार कराया। हिन्दुओं की बहू बेटियों को अपना मानने की बजाए मुस्लिम परिवारों की बहू बेटियों को अपना मानना शुरू कर दिया। हम हिन्दुओं ने उन नेताओं को भी अपना मान लिया, जिन्हें हिन्दुओं के देवी देवताओं के नाम पर भी आपत्ति थी। उनके दिलों में हिन्दुओं के प्रति नफ़रत भरी हुई थी। अपने आपको हिन्दू कहने वाले ही चंद सुविधाओं को पाने की लालसा में उन नेताओं के

आगे नतमस्तक होने लगे। जिससे इन नेताओं को पनपने का अवसर मिलता चला गया। भारत के इन नेताओं के मुँह से कभी जय श्रीराम, जय श्री कृष्ण, जय माता दी शब्द सुनाई नहीं दिए। यदि अयोध्या में प्रभु श्रीराम का भव्य मंदिर बना है तो इसका श्रेय हमारे देश के, हिन्दुओं के प्रिय प्रधानमंत्री नरेंद्र मोदीजी को और उत्तरप्रदेश के मुख्यमंत्री योगी जी को जाता है। आज भी हम मथुरा में श्री कृष्ण भगवान की जन्मस्थली पर भव्य मंदिर बना नहीं पाए। हिन्दुओं का हित चाहने वाले प्रधानमंत्री नरेंद्र मोदी को नमन करना चाहिए। आज विश्व भर के नेता अपने प्रधानमंत्री नरेंद्र मोदी जी के आगे नतमस्तक हैं, लेकिन उनके प्रतिद्वंदी इंडिया गठबंधन के नेता प्रधानमंत्री को अपशब्द बोलते दिखाई देते हैं। इन नेताओं के मुँह से यदि गलती से भी प्रधानमंत्री की प्रशंसा में कुछ शब्द निकल जाएँ तो इन नेताओं को डर लगा रहता है कि कहीं मुस्लिम वोट बैंक हाथ से निकल न जाए। लेकिन हिन्दू अपने प्रधानमंत्री को अपशब्द बोलने वाले नेताओं का मुँह बंद करने की हिम्मत नहीं जुटा सकते। हिन्दुओं को तो आज भी इंडिया गठबंधन के नेताओं द्वारा मुफ्त में चंद सुविधाएँ बॉटने की घोषणा कर दी जाए तो हिन्दुओं के वोटों का बँटवारा होने में देरी नहीं लगेगी। मुस्लिम तो वोट डालने के लिए विदेशों से भी आ जाएँगे, लेकिन भारत के हिन्दू अपने घर से निकलकर एक हिन्दू प्रिय नेता के लिए वोट डालने की सोच भी नहीं पाएंगे। हिन्दुओं को यदि अंग्रेजों से आजादी मिली तो भी हिन्दुओं ने उन नेताओं पर विश्वास किया जो मुस्लिम परिवारों में जन्म लेकर हिन्दू बनकर हिन्दुओं को ही प्रताड़ित करते रहे। इतिहास आपके सामने है। आज यदि प्रधानमंत्री नरेन्द्र मोदीजी द्वारा तय लक्ष्यों से कदम पीछे हटाने के लिए विवश होना पड़ रहा है तो इसके ज़िम्मेदार हम हिन्दू ही हैं, जिन्हें अपने भविष्य की चिन्ता नहीं है। अपने वर्चस्व की चिंता नहीं है। जय हिन्द!

केवल कृष्ण वर्मा " कौस्तव टाइम्स"

ॐ भारतीय जन विकास पार्टी 🙏

(एकता) इतिहास गवाह है कि हिन्दुओं में एकता का अभाव रहा है। यदि हिन्दू एकजुट होकर अपने लक्ष्य को प्राप्त करने के लिये संघर्ष करते तो आज भारत में मुस्लिम बहुसंख्यक नहीं होते। आज़ादी के बाद हिन्दुओं को जातपात में बाँटकर देश का विभाजन कराने वाले गांधी और नेहरू का मकसद पूरा हो चुका था। हिन्दू राष्ट्र हित को चंद सुविधाओं को पाने की लालसा में भूलते चले गए। हिन्दू तो अपने देश की भूमि पर दुश्मनों के आतंक से पीड़ित रहने के बावजूद शांत मुद्रा को अपना कर बैठे रहे। अपने आपको सुरक्षित मानकर घर के कोने में दुबके रहे। यहाँ तक कि परिवार में युवा पीढ़ी को हिन्दू संस्कृति और संस्कारों से दूर होते देखकर भी शांत मुद्रा को स्वीकार करना इसलिए ज़रूरी समझा क्योंकि सुविधाओं को कोई छोड़ना ही नहीं चाहता। इसी कारण युवा पीढ़ी की मानसिकता बदलती चली गई। विवाह उम्र निकलने के बावजूद विवाह नहीं करना, गृहस्थ आश्रम में कदम न रखना, घर के बड़े बुज़ुर्गों को वृद्धाश्रम में छोड़कर अपने ऐशो-आराम के साधन खोजना क्या हमारे संस्कारों में है? लेकिन ऐसा इसलिए भी हो रहा है, क्योंकि हम अपने सही रास्ते से भटक चुके हैं। यदि परिवार में तीन चार बच्चों को जन्म देने की प्रक्रिया चलती रहती तो आज जैसी विषम परिस्थितियों का सामना करने की ज़रूरत ही नहीं पड़ती। संयुक्त परिवार की परिभाषा ही नहीं बदलती। कितने आश्चर्य की बात है कि माता-पिता की बात को समझने के लिए युवा पीढ़ी तैयार नहीं। जिन बच्चों को पढ़ाया लिखाया और जवानी की दहलीज़ तक लेकर गए, वही बच्चे माता-पिता का सहारा बनने की बजाए उनकी आँखों में आँसुओं को देखकर भी उनका सहारा बनना नहीं चाहते। परिवार रहा नहीं तो समाज भी कैसे रहेगा। कैसे हमारा देश सुरक्षित रह पाएगा। जब देश ही सुरक्षित नहीं होगा तो हम कैसे सुरक्षित रह पाएंगे। आज विश्वभर में आतंक का साया मंडरा रहा है। सभी देश इस संकट से छुटकारा पाना चाहते हैं। लेकिन भारत में तो अपने आपको हिन्दू कहने वाले डर के

मारे आवाज़ ही नहीं उठाना चाहते। प्रधानमंत्री नरेंद्र मोदी हिन्दुओं को एकजुट करने की कोशिश करते हैं। हिन्दू राष्ट्र बनाना चाहते हैं। लेकिन हम हिन्दू देशद्रोही गुमराह करने वाले नेताओं के बहकावे में अभी भी फँस जाते हैं। हमें अपना सुरक्षित जीवन नहीं चाहिए। आज भी हम मुफ्त में चंद सुविधाएँ प्राप्त करने के लिए ललायित रहते हैं।हमें मंहगाई नज़र आती है, पैट्रोल डीज़ल के ऊँचे दाम नज़र आते हैं, लेकिन ज़मीनों के बढ़ते दाम नज़र नहीं आते। जरा यह भी तो सोचिए कि यदि आतंक का साया हमारे पास आकर खड़ा हो गया तो हमारे पास हमारी सुरक्षा की क्या व्यवस्था है। क्या हम अपने दुश्मनों का मुकाबला करने में सक्षम हैं। हम अपना कर्तव्य निभाते नहीं हैं। कर्मों का हिसाब तो चुकाना ही पड़ेगा। यदि सुरक्षित भविष्य चाहिए तो परिवार में, समाज में, देश में एकता का अभाव नहीं होना चाहिए। अपनी चिर निद्रा से जाग जाओ। जय श्री राम, जय भारत माता की, हाथों में डंडा और झंडा लेकर खड़े हो जाओ और एक संकल्प के साथ आगे बढ़ो कि हमारी एकता को कोई भी चुनौती नहीं दे पाए। इस भँवर से बाहर निकलो कि हमारा कोई दुश्मन नहीं है। जब आँधी आती है, तो सब कुछ उजड़ जाता है, उखड़ जाता है। हमें सभी तरह की विषम परिस्थितियों का सामना करने के लिए तैयार रहना है। भारत को विश्व शक्ति संपन्न देश बनाना है। प्रधानमंत्री नरेंद्र मोदीजी के संकल्प को पूरा करना है। जय हिन्द!

केवल कृष्ण वर्मा " कौस्तव टाइम्स"

ॐ भारतीय जन विकास पार्टी 🙏

(बहिष्कार) भारत की आजादी के बाद पाकिस्तान (पंजाब) छोड़कर भारत आए भारतीयों को वापस जाने के लिए कहने का साहस दिखाने वाला कोई और नहीं, महात्मा बना गांधी था। जिसे अहिंसा का पुजारी कहा गया। बापू गांधी कहा गया। राष्ट्रपिता कहा गया। क्योंकि भारत की स्वतंत्रता के बाद भारत के लोगों को सत्य की जानकारी ही नहीं थी कि यह गांधी कौन है, पंडित बना नेहरू कौन है। ये दोनों ही नेता हिन्दू बनकर हिन्दुओं को गुमराह करते रहे, हिन्दुओं को भ्रमित करते रहे, हिन्दुओं से घृणा करते रहे, धोखा करते रहे। आज़ादी के बाद कोई ऐसा प्रदेश नहीं, जहॉं इन नेताओं की ग़लतियों, धोखेबाज़ी के कारण मुसलमानों की संख्या नहीं बढ़ी। मुसलमानों की बढ़ती आबादी का ही परिणाम था कि हिन्दुओं को अपनी ज़मीन जायदाद कम दामों पर बेचकर भारत के अन्य प्रदेशों में रोजगार और रहने के लिए भटकना पड़ा। महात्मा बने गांधी, जहॉं भी गए, वहॉं हिन्दुओं का रातों रात नरसंहार हुआ। हिन्दुओं की बहिन बेटियां विधवा हुई। उन बहिन बेटियों से खुलेआम बहशीपन किया गया। ब्लातकार किया गया। लेकिन गांधी और नेहरू चुप रहे। जिनकी महानता की गुण हमारे इतिहास की पुस्तकों में दिखाई देते रहे। यदि गांधी हिन्दू प्रवृति के होते, तो ऐसी घटनाएँ नहीं होती। यदि गांधी जीवित रहते तो भारत में एक और विभाजन होता, नया पाकिस्तान बनता। हिन्दुओं में विरोध करने की क्षमता पैदा हो ही नहीं सकती थी। क्योंकि विभाजन के बाद हिन्दू अपनी अपार संपदा पाकिस्तान में छोड़कर ख़ाली हाथ भारत की धरती पर आए थे। भूखे, प्यासे मेहनत मज़दूरी करके अपना और अपने परिवार का पेट पाल रहे थे। लेकिन हिन्दुस्तान की सत्ता पर विराजमान नेता अंग्रेज़ी महिलाओं के साथ गुलछर्रे उड़ा रहे थे। यह कहावत तो यही है कि भूखे पेट को तो भोजन चाहिए, देशभक्ति की सीख कहॉं और कैसे आएगी। भारत की जनता कैसे उन नेताओं का बहिष्कार करने की हिम्मत जुटाते, जो हिन्दू पक्ष के न होकर मुसलमानों को प्राथमिकता देते रहे। भारत

को लोकतंत्र के नाम से ठगा गया। भारतीय संविधान को लिखने वालों को भी चुनौतियों का सामना करना पड़ा। न्यायपालिका को पंगु बना दिया गया। न्याय पाने के लिए लोग भटकते रहे, लेकिन भ्रष्टाचार एवं अपराध को बढ़ावा देने वाले क़ानून को अपने हाथ की कठपुतली बनाकर बैठे रहे। न्यायलय में न्यायाधीश वे बने जो हिन्दुओं के विरोधी थे। जिन्हें इन नेताओं की चापलूसी करनी आती थी। आज़ादी के वर्षों बाद भी बदलाव नहीं लाया जा सका। भारत की राष्ट्रपति द्रौपदी मुर्मु जी के शब्दों पर यदि गौर करें, तो भारत में लोकतंत्र के नाम पर कुछ भी नहीं है। जब न्याय के लिए वर्षों भटकना पड़े तो वह न्याय कहाँ रह जाता है। अदालतों में न्याय की उम्मीद करना बेमानी है। तारीख़ पर तारीख़ मिलती है। निचली अदालत से लेकर सुप्रीम कोर्ट तक न्यायाधीशों को सही फैंसला लिखने में दिक़्क़त महसूस होती है। बैचेनी होती है। प्रधानमंत्री नरेंद्र मोदीजी के नेतृत्व में न्यायपालिका में सुधार लाने की कोशिश की गई, तो परिणाम सामने हैं। सुप्रीम कोर्ट के मुख्य न्यायधीश द्वारा दिए गए फ़ैसले भारत की जनता के हक़ में नहीं हैं, हिन्दुओं के हित में नहीं है। भारत के लोगों को मुख्य न्यायाधीश से रिटायरमेंट के आख़िरी दिनों में बहुत आशा थी, लेकिन वह आशा भी निराशा में बदल गई। अब तो यही लगता है कि न्यायपालिका से न्याय मिल ही नहीं सकता। जब तक हम हिन्दू अपनी एकजुटता नहीं दिखा पाते, तब तक न्याय के लिए संघर्ष जारी रखना होगा। जय हिंद!

केवल कृष्ण वर्मा " कौस्तव टाइम्स"

ॐ भारतीय जन विकास पार्टी 🙏

(अपमान) भारत की आज़ादी के बाद हिन्दुओं को गुमराह करने वाले नेताओं गांधी और नेहरू की विचारधारा हिन्दुओं से मेल नहीं खाती थी। लेकिन हिन्दू नेता सत्ता सुख पाने के लिए हिन्दुओं के दुश्मन नेताओं से चिपके रहे। हिन्दू होने के बावजूद हिन्दुओं का अपमान होते देखकर, नरसंहार होता देख कर भी आँख, कान और मुँह बंदकर बैठे रहे। लेकिन हमने उन नेताओं को कभी देशद्रोही नहीं माना। क्योंकि हिन्दुओं की सबसे बड़ी कमज़ोरी धन की कमी भी रही। मेहनत मज़दूरी करके परिवार को भर पेट खाने का इंतज़ाम करना भी बहुत ही मुश्किल था। लेकिन सत्ता सुख पाने वाले नेताओं के पास सभी सुविधाएं होने के बावजूद सत्ता की भूख मिटती नहीं। यहाँ तक कि अपने परिवार के सदस्यों को भी राजनीति में लाने में कामयाब हो जाते हैं। महात्मा गांधी और नेहरू परिवार मुस्लिम घराने में जन्म लेकर हिन्दू कैसे बन सकते थे। गांधी और नेहरू ने हमेशा हिंदू नेताओं का अपमान किया, विरोध किया। इसके बावजूद वर्षों तक भारत के इतिहास में उन्हें महान नेता माना गया। महान तो अभी भी हैं, जब हिन्दुओं को यह पता चल चुका है कि दोनों ही नेता मुस्लिम थे तो इस परिवार का बहिष्कार क्यों नहीं करते। भारतीय मुद्रा पर गांधी की तस्वीर लगाने रखने का क्या औचित्य है। कब तक हिन्दू मूर्ख बने रहेंगे। कांग्रेस ने हामिद अंसारी को उपराष्ट्रपति बनाया, लेकिन कितने आश्चर्य का विषय है कि वह अंसारी कभी हिन्दुओं का नहीं बना। भारत की धरती का अन्न खाकर भी देश के दुश्मनों का साथ देता रहा। मंदिर में पूजा की थाली उठाने को मना करने वाला हमारे देश का ग़द्दार, भीतरी दुश्मन भारत का उपराष्ट्रपति बना रहा। दिल्ली में इंटरनेशनल कौंसिल ऑफ ज्यूरिस्ट द्वारा आयोजित प्रोग्राम में हामिद अंसारी (उपराष्ट्रपति) को आमंत्रित किया गया था। लेकिन मेरे मना करने पर यह आयोजन रद्द हुआ। मैंने तो कांग्रेस राज की परवाह नहीं की। अपना राष्ट्र धर्म अपनाया। हिन्दुओं के दुश्मन का खुलकर बहिष्कार किया। आज़ादी के वर्षों बाद भी हमें ऐसे नेताओं के बीच

जाना पड़ता है जो हिन्दू प्रवृति के नहीं हैं। राहुल गांधी को तो हम सभी ने देखा, जब वोट बैंक बनाने का समय आता है तो उनके दिल में समाया ढोंग बाहर निकल आता है। कभी जनेऊ पहनकर हिन्दुओं को गुमराह किया जाता है, कभी मंदिरों में जाते हुए दिखाया जाता है, लेकिन अयोध्या में बने प्रभु श्रीराम मंदिर की सराहना करने की हिम्मत नहीं दिखाई। गले में माला तो पहन सकता है, लेकिन प्रभु श्रीराम की मूर्ति को हाथ में पकड़ना नहीं चाहता। राहुल गांधी तो मुस्लिम परिवार से संबंधित है, लेकिन इंडिया गठबंधन के कई नेता भी वोट बैंक बनाए रखने के चक्कर में मुस्लिम समर्थक हैं। जो कभी हिन्दू बन ही नहीं सकते। ऐसे नेताओं का बहिष्कार करने की बजाए आज भी हमारे हिन्दू परिवार ही खुलकर समर्थन करते हैं। ऐसे हिन्दुओं को सुरक्षित जीवन जीने की लालसा तो प्रधानमंत्री नरेंद्र मोदीजी के कुशल नेतृत्व में दिखाई देती है, लेकिन चंद सुविधाओं को पाने की लालसा में वोट हिन्दुओं के दुश्मन नेताओं को देते हुए यह भी नहीं सोचते कि हिन्दुओं के नरसंहार में यही नेता सहायक बनेंगे। यदि हिन्दुओं ने विश्वभर के हालातों को देखते हुए भी हिन्दुओं के विरोधी नेताओं को समर्थन देना बंद नहीं किया तो भारत के हिन्दुओं को हिन्दू बने रहना भी मुश्किल हो जाएगा। हिन्दुओं को एकजुट होकर रहना होगा। जनसंख्या को बढ़ावा देना होगा। हिन्दू धर्म की रक्षा के लिए अग्रणी रहना होगा। अस्त्र शस्त्र उठाकर चलाना सीखना होगा। श्री गीता में भगवान कृष्ण द्वारा अर्जुन को युद्ध भूमि में दिए गए ज्ञान को पढ़ने का समय भी निकालना होगा। जय हिन्द!

केवल कृष्ण वर्मा "कौस्तव टाइम्स"

ॐ भारतीय जन विकास पार्टी 🙏

(काँटे) भारत की आज़ादी के बाद हिन्दुओं को काँटे ही तो मिले। मेहनत मज़दूरी करके पेट भरने वाले हिन्दुओं ने ही तो गाँधी और नेहरू परिवार को भारत की धरती पर पनपने का अवसर दिया। यदि समय रहते हिन्दू उन नेताओं की भावनाओं को समझ जाते तो हमारा भारत आज विश्व शक्ति संपन्न देश होता। हमारे भारत की धरती पर जन्म लेने वाले वैज्ञानिकों को विदेशों में जाकर अपना शौर्य दिखाना पड़ा। हमारी उच्च कोटि की तकनीक विदेशों में चली गई। पंडित बने नेहरू मुस्लिम परिवार में पैदा हुए और मुस्लिम नीतियों के समर्थक होने के कारण कभी भी हिन्दुओं को प्रोत्साहन नहीं दे सकते थे। अपने आपको महान बनाए रखने के लिए मुस्लिम शिक्षा मंत्री बनाए। जिन्होंने मुग़लों को इतिहास की पुस्तकों में महान बताया। लेकिन हिन्दू राजाओं, महाराजाओं को महान नहीं बताया। हिन्दू धर्म के रक्षक सिख गुरुओं के बलिदान को भुला दिया। गुरू गोविंद सिंह जी के चारों पुत्रों पर मुगल शासकों के अत्याचारों को भी उजागर करना नेहरू ख़ानदान को पसंद नहीं था। उन शूरवीर योद्धाओं को हिन्दू कैसे भूल सकते हैं। आज हमारे भारत को ऐसे शूरवीर योद्धाओं की आवश्यकता है। आज़ादी के वर्षों बाद गुरू गोविंद सिंह जी के चारों पुत्रों के बलिदान को बाल दिवस के रूप में मनाया गया है। भारत के विभाजन के दर्द को मिटाया नहीं जा सकता। पंजाब में सिखों और हिंदुओं को अलग करने की मुहिम चलाई गई, उग्रवादियों को बढ़ावा दिया गया। सब कुछ जानने के बाद भारत में सभी सुख सुविधाओं को पाने के बावजूद जय श्री राम नहीं बोलने वाले परिवार और नेताओं को तो भारत से बाहर खदेड़ने का प्रयास तो किया ही जा सकता है। उन देशद्रोहियों का वोट डालने का अधिकार भी छीना जा सकता है, जो हिन्दू विरोधी हैं। सनातन संस्कृति और संस्कारों के दुश्मन हैं। मुस्लिम तुष्टिकरण को बढ़ावा देने वाले नेताओं की मानसिकता को देखकर यही लगता है कि हिन्दुओं को अपने धर्म की रक्षा के लिए, हिन्दू राष्ट्र बनाने के लिए स्वयं लड़ना होगा। किसी भी

हिन्दू के खून की एक बूँद भी व्यर्थ न जाए, यह प्रयास हमें करना चाहिए। गांधी और नेहरू परिवार का इतिहास दफ़न करना होगा। उन्हें महान दिखाने की कोशिश करने वाले नेताओं को सबक सिखाना होगा। चुनावों में वोट डालकर हम लोकतंत्र को बचा सकते हैं। अपने मताधिकार का प्रयोग कर इंडिया गठबंधन के नेताओं को देश से बाहर तो खदेड़ ही सकते हैं। तीर, तलवार चलाना सीखें। अस्त्र शस्त्र चलाने की क्षमता हासिल करें। हिन्दुत्व को बचाने के लिए अपनी ताक़त बढ़ाएँ। हमें यह सुनिश्चित करना होगा कि हमारी आने वाली पीढ़ियाँ कायर नहीं कहलाएँ। हमें प्रधानमंत्री नरेंद्र मोदीजी के कुशल नेतृत्व में ही गांधी, नेहरू परिवार तथा इंडिया गठबंधन के नेताओं द्वारा बिछाए जा चुके कांटों का सामना करने के लिए भी हरदम तैयार रहना है। इन कांटों को जितनी जल्दी बाहर कर देंगे, उतने ही हम हिन्दू सुरक्षित रह पायेंगे। पवित्रता और आनंदित जीवन जीने के लिए, हिन्दू राष्ट्र की स्थापना करने हेतु जय श्रीराम बोलना ना भूलें।जय हिंद!

केवल कृष्ण वर्मा " कौस्तव टाइम्स"

ॐ भारतीय जन विकास पार्टी

(ज़ख़्म) भारत की आज़ादी के दौरान हिन्दू और सिख समुदाय एक ही परिवार था। लेकिन आज़ादी के बाद अहिंसा के पुजारी गांधी और पंडित नेहरू की मुस्लिम विचारधारा के कारण भारत के विभाजन के साथ ही हिन्दुओं और सिखों को अलग करने की साज़िश रची गई। हिन्दुओं की एकता को ख़त्म करने का प्रयास किया गया। लेकिन हिन्दू इन दोनों नेताओं की सोच को समझ नहीं पाए। अकेले रहने की आदत बनी और हिंदुओं का नरसंहार शुरू हो गया। पंजाब में उग्रवाद बढ़ा। आतंकवाद बढ़ा। इसका दोषी कोई और नहीं था। भारत के सत्ता पर विराजमान वे नेता थे, जो हिन्दू विरोधी थे। यदि गांधी और नेहरू हिन्दू विरोधी नहीं होते तो पाकिस्तान द्वारा अधिकृत कश्मीर भारत का ही हिस्सा होता। वहाँ हिन्दुओं का बहुमत होता। लेकिन ऐसा नहीं हो पाया और लाखों की संख्या में हिन्दू मारे गए। हिंदू परिवारों की बहिन बेटियों की इज़्ज़त सरेआम नीलाम हुई। भारत सरकार के नेता मुस्लिम होने के कारण कोई कार्यवाही करने के लिए तैयार नहीं हुए। पंजाब (पाकिस्तान) जहॉं हिन्दुओं का वर्चस्व था, वहाँ आजादी की घोषणा होते ही हिन्दू अपना वर्चस्व स्थापित नहीं कर पाए। पंजाब में हिन्दू मारे गए। जो हिन्दू पंजाब से बचकर आए, उन्हें अपने परिवार का भरण पोषण करने के लिए मेहनत मज़दूरी करनी पड़ी। भूखे पेट किसी को कैसे पता चलता कि भारत की सत्ता पर वे नेता विराजमान हैं, जो मुस्लिम परिवारों में जन्म लेकर दिखावे के लिए हिन्दू बने हुए हैं। जो हिन्दुओं की एकता को बर्दाश्त नहीं कर सकते। यही कारण था कि राष्ट्रीय स्वयंसेवक संघ को पनपने का अवसर नहीं मिल पाया। हिन्दुओं की रक्षा के लिए राष्ट्रीय स्वयंसेवक संघ के स्वयंसेवकों को मौत का सामना करना पड़ा। लेकिन उन्होंने साहस नहीं छोड़ा। जब इन्दिरा गांधी प्रधानमंत्री थीं तो सत्ता हाथ से जाती देखकर आपातकाल की घोषणा कर दी और राष्ट्रीय स्वयं सेवक संघ पर प्रतिबंध लगाकर कार्यकर्ताओं को जेलों में डाल दिया गया। जहॉं मुगलों और अंग्रेजों की तरह कठोर यातनाएँ दी गई।

लेकिन गांधी और नेहरू परिवार के आगे नतमस्तक नहीं हए। भारत को मुस्लिम राष्ट्र बनाने की साज़िश रची जाती रही, जिसका विरोध तो हुआ, लेकिन मीडिया का सहारा न मिलने से आवाज़ को दबा दिया जाता रहा। शायद इसी का परिणाम है कि भारत को आज़ाद भारत होने के बावजूद हिन्दू राष्ट्र बनाया नहीं जा सका। आज़ादी के वर्षों बाद भारत के हिन्दुओं को नरेन्द्र मोदीजी मिले। उनमें राष्ट्र प्रेम कूट कूटकर भरा हुआ था। भारत को हिन्दू राष्ट्र बनाने का संकल्प लेकर प्रधानमंत्री बने। भारत के हिन्दुओं को नई दिशा मिली। भारत के हिन्दुओं को एकजुट होकर रहने का मौक़ा मिला। लेकिन भारत के कई प्रदेशों में मुस्लिम आबादी बढ़ने के कारण हिन्दुओं को अपने ही देश में पलायन का सामना करना पड़ा। इस पलायन को रोकना भी ज़रूरी था। भारत के हिन्दुओं में विश्वास पैदा कराना भी ज़रूरी था। भारत की जनता देशद्रोही नेताओं के बहकावे से बाहर निकलने लगी। हिन्दुओं के दुश्मन, देशद्रोही नेताओं द्वारा मुफ्त में बाँटी जा रही सुविधाओं का बहिष्कार होने लगा। भारत के हिन्दुओं को यह समझ आ चुकी है कि जब हम भारत सरकार को टैक्स चुकाते हैं तो हमारे द्वारा दिए गए टैक्स से मुफ्त में सुविधाएँ बॉटकर हिन्दू परिवारों का ही शोषण क्यों किया जाता है। विश्वभर के हालात बदल रहे हैं। विश्वभर में फैल रहे आतंक से सभी देश दुखी हो चुके हैं। हमारे प्रधानमंत्री नरेंद्र मोदीजी का एकजुटता का संदेश विश्वभर में पहुँच रहा है। विश्वभर के नेता हमारे प्रधानमंत्री के कुशल नेतृत्व के आगे नतमस्तक हैं। हमारे प्रधानमंत्री को विदेशों में सम्मान दिया जाता है और भारत में हम हिन्दुओं की शांत मुद्रा में बैठे रहने की आदत के कारण, कुछ कमजोरियों के कारण ही हिन्दुओं के विरोधी, देशद्रोही नेताओं को प्रधानमंत्री को गालियाँ देने का मौक़ा मिलता है। समय बदल रहा है, हम हिन्दुओं को भी बदलना होगा। हमें एकजुटता को बनाए रखना है। देश को अस्थिर करने की कोशिश करने वाले नेताओं, हिंदुओं के दुश्मनों को देश से बाहर का रास्ता दिखाना है। भारत को हिंदू राष्ट्र बनाना है। विश्व शक्ति संपन्न देश बनाना है। जय हिन्द!

केवल कृष्ण वर्मा " कौस्तव टाइम्स"

ॐ भारतीय जन विकास पार्टी 🙏

(लक्ष्य) भारत की आजादी का सपना साकार करने वाले देशभक्तों का एक ही लक्ष्य था, एक सपना था और वह पूरा तब हुआ, जब भारत माता के वीर सपूतों ने अपने प्राणों की परवाह नहीं करते हुए अपने तय लक्ष्य को पीछे नहीं छोड़ा। आजादी हमें उन वीर सपूतों के बलिदान से ही मिली। हिन्दुओं को अब यह बात समझ आ जानी चाहिये कि भारत को आज़ादी गांधी या नेहरू ने नहीं दिलाई, आजादी तो भारत माता के वीर सपूतों की बदौलत ही हमें मिली, जिन्होंने अंग्रेजों के दिल में भी मौत का ख़ौफ़ पैदा कर दिया था। यदि भारत में गांधी, नेहरू जैसे महान नेता हिन्दुओं को गुमराह नहीं करते, अंग्रेजों के चापलूस, मददगार, जयचंद नहीं होते तो भारत कई वर्षों पूर्व आज़ाद हो चुका होता। आज़ाद भारत में अब हम हिन्दुओं को भारत के प्रधानमंत्री नरेंद्र मोदीजी के नेतृत्व में भारत को हिन्दू राष्ट्र बनाना है। हमें लक्ष्य तो तय करना ही पड़ेगा। यदि लक्ष्य तक पहुंचना है तो सबसे पहले हमें देश के भीतर पनप रहे देशद्रोही दुश्मनों का रास्ता रोकना होगा। हमें परिवार नियोजन की बजाए परिवार को बढ़ाना होगा। एक संयुक्त परिवार को सशक्त करना होगा। बच्चों की विवाह योग्य उम्र का ध्यान रखना होगा। जब परिवार बढ़ेगा तो परिवार में से ही हमारे बच्चे योद्धा बनेंगे। दुश्मनों से मुकाबला करने का साहस पैदा होगा। हमारा वंश चलता रहेगा। घर में बच्चों की किलकारियाँ गूँजती हैं तो बड़े बुजुर्गों में जीने की आशा पैदा होती है। भारत की जनता को गुलाम बनाए रखने के लिए ही तो आतंकवाद, उग्रवाद का जन्म हुआ। जिसका लाभ गांधी और नेहरू परिवार को आज तक मिलता आ रहा है। भारत की जनता द्वारा दिए गए टैक्स का लाभ उठाने वाले हिन्दुओं के दुश्मन नेताओं ने ही भारत में मदरसों और मस्जिदों को बढ़ावा दिया। इन मदरसों, मस्जिदों में शिक्षा के नाम पर आतंक का पाठ पढ़ाया जाता रहा। छोटे-छोटे मुस्लिम बच्चों के दिलों में हिन्दुओं के प्रति नफ़रत के बीज बोए जाते रहे। भारत में जन्म लेने वाले, रहने वाले मुसलमान गांधी, नेहरू

परिवार की मेहरबानियों का लाभ उठाकर पाकिस्तान का झंडा फहराते, पाकिस्तान ज़िंदाबाद के नारे लगाते दिखाई दिए, भारत की सेना पर पत्थर फेंकते रहे, लेकिन सत्ता सुख पाने वाले देशद्रोही नेताओं की फ़ौज वोट बैंक की राजनीति को बढ़ावा देते हुए आँख मुँह और कान बंदकर बैठे रही। अदालतों में हिन्दुओं पर झूठे केस बनाकर फँसाया जाता रहा, हिन्दुओं को प्रताड़ित किया जाता रहा, हिन्दुओं के विरोधियों, आतंकियों, उग्रवादियों को जेल से छुड़ाने के लिए रात में ही अदालतों के दरवाजे खोल दिए जाते थे। अदालतों में न्यायाधीशों पर दबाव बनाया जाता था और न्यायधीशों द्वारा मजबूरी में भारत विरोधियों को जेल से रिहा करने का आदेश दिया जाता था। हिन्दुओं की भावनाओं, आस्था की परवाह किसी भी राजनीतिक पार्टी को नहीं थी। यदि आज प्रधानमंत्री नरेंद्र मोदीजी के नेतृत्व में हिन्दू एकता, संगठन को बढ़ावा दिया जाने लगा है तो भारत ही नहीं, विश्व के नेता भी आश्चर्यचकित हैं। इंडिया गठबंधन, जो पाकिस्तान और चीन का, मुस्लिम नीतियों का समर्थक होने के कारण भारत में हिन्दू विरोधी है, इन नेताओं को भारत से बाहर खदेड़ने के लिए हम हिंदुओं की संगठन क्षमता मज़बूत होते ही देश से बाहर खदेड़ने के लिए अधिक प्रयास नहीं करना पड़ेगा। राष्ट्र प्रेम की भावना को दिलों में संजोकर आगे बढ़ें। जय हिन्द!

केवल कृष्ण वर्मा " कौस्तव टाइम्स"

ॐ भारतीय जन विकास पार्टी 🙏

(सत्य की राह) भारत की आजादी के बाद झूठ का सहारा लेकर चलने वाले अनेकों नेता मिले, जिन्होंने हिन्दुओं की मानसिकता को बदलने का प्रयास किया। मुगलों और अंग्रेजों की तरह मुफ्त में सुविधाएँ बॉटकर हिंदुओं को गुलाम बनाया। हिन्दुओं की एकता को मिटाने की कोशिश की और हिंदुओं पर अत्याचार किए। कठोर यातनाएँ दी। यदि भारत की भूमि पर चंद योद्धा पैदा नहीं होते, हिन्दू धर्म की रक्षा के लिए बलिदान नहीं दिया जाता, सनातन संस्कृति और संस्कारों को मिटाने की कोशिश करने वालों का मुकाबला करने की हिम्मत नहीं होती तो आज हम हिन्दू ही नहीं होते। जिस प्रकार हमारे देश के प्रधानमंत्री नरेंद्र मोदीजी भारत को हिन्दू राष्ट्र बनाने के लिए प्रयासरत हैं, भारत की स्थिरता के लिए प्रयासरत हैं, भारत में हिन्दुत्व को बढ़ावा देने की ज़रूरत समझते हैं, भारत को विश्व शक्ति संपन्न देश बनाना चाहते हैं, ऐसे प्रधानमंत्री को हम हिन्दुओं को नमन करना चाहिए। उनके कुशल नेतृत्व, मार्गदर्शन को स्वीकार करना चाहिए। हम सभी यह जानते हैं कि भारत की सीमाएं सुरक्षित नहीं हैं। चारों तरफ़ भारत के दुश्मन हैं। भारत के भीतर भी तो हिन्दुओं के दुश्मनों की संख्या बढ़ती जा रही है, लेकिन हम हिन्दू अभी भी सोए हुए हैं। शांत मुद्रा को अपनाए हुए हैं। जिस शांति को अपनाकर हम हिन्दू चल रहे हैं, वह हमारे सुरक्षित भविष्य के लिए ख़तरा है। हम हिन्दुओं को चिर निद्रा से जागकर भारत को हिन्दू राष्ट्र बनाना होगा। हिन्दुओं के दुश्मनों को भारत से बाहर भगाना होगा। उस भीषण संकट से अपने आपको बचाना होगा,हमारी आने वाली पीढ़ियों को बचाना होगा, अपने वंश को बचाना होगा। अपने राष्ट्र को बचाना होगा। हमें हर उस क़ुर्बानी के लिए तैयार रहना होगा, जो हमारे भविष्य के लिए ख़तरा पैदा करे। हमें अपने परिवार में ही योद्धा बनाने होंगे। समय बहुत तेज़ी से बदल रहा है। हमें सत्य की राह पर चलना होगा। हमें एकजुट होकर लड़ना होगा। संघर्ष के लिए तैयार रहना होगा। हमें मुफ्त में सुविधाएँ बॉटने वाले नेताओं से अपने आपको

बचाना है, अपने सभी हिन्दू भाई बहनों को भी इन नेताओं के बहकावे से, चुग़ल से बचाना होगा। भारत के विकास में बाधक बन रहे, भारत की अर्थव्यवस्था को चौपट करने की साजिश रच रहे नेताओं को भारत से बाहर निकालना है। भारत की भूमि पर हमारे हिन्दू देवी देवताओं ने जन्म लिया, जिन्होंने राक्षस वंश का नाश किया। कितने आश्चर्य का विषय है कि हम हिन्दुओं ने भारत की पवित्र धरती पर अपने ही दुश्मनों को पनपने का मौका दिया। जिसका लाभ उठाकर हमारे देश के भीतर अनेकों ऐसे नेता पैदा होने लगे, जिन्होंने भारत में भ्रष्टाचार एवं अपराध को बढ़ावा दिया। भारत को हिन्दू राष्ट्र बनाने की बजाय मुस्लिम राष्ट्र बनाने के लिए आतंकवाद, उग्रवाद को बढ़ावा दिया, मुगल शासकों द्वारा तोड़े गए हमारे भव्य मंदिरों के पुनर्निर्माण में बाधा पहुँचा रहे हैं। हम हिन्दुओं के द्वारा दिए गए टैक्स से मंदिर बनाने की बजाए मदरसे और मस्जिदें बनवा रहे हैं। अब ऐसे हालातों में हिन्दुओं को अपनी संगठन क्षमता को बढ़ाना होगा। एकजुट होना होगा। भारत के प्रधानमंत्री नरेंद्र मोदीजी के द्वारा लिए गए निर्णय, संकल्प को पूरा करने में सहयोगी बनना होगा। जय हिन्द!

केवल कृष्ण वर्मा " कौस्तव टाइम्स"

ॐ भारतीय जन विकास पार्टी 🙏

(सम्पर्क) भारत की आज़ादी के वर्षों बाद प्रधानमंत्री नरेंद्र मोदीजी के कुशल नेतृत्व में भारत के हिन्दुओं को संगठित होकर अपने अधिकारों के प्रति जागरूक होने का अवसर मिला है। अब हमें एकजुट होकर सम्पर्क अभियान चलाना चाहिए। भारत के दुश्मनों विशेषकर हिन्दुओं के दुश्मन उन नेताओं को चिन्हित करके देश से बाहर खदेड़ने का अभियान चलाना चाहिए जो हिन्दू राष्ट्र के पक्ष में नहीं हैं। जिन्हें भारत में हिन्दू पसंद नहीं है। सनातन संस्कृति और संस्कार पसंद नहीं हैं। इन नेताओं को मुगल शासकों की नीतियाँ पसंद हैं। मुस्लिम घराने पसंद हैं। मुस्लिम परिवारों की बहिन बेटियां पसंद हैं। भारत माता की कोख से जन्म लेकर, भारत भूमि का अन्न खाकर भी हिन्दू राष्ट्र की स्थापना के लिए प्रधानमंत्री नरेंद्र मोदीजी का आभार व्यक्त नहीं कर सकते, ऐसे नेताओं का बहिष्कार करने का समय आ चुका है। भारत में जब आपातकाल लागू किया गया तो हमारे ही हिन्दू भाइयों ने श्री जयप्रकाश नारायण जी के नेतृत्व में आपातकाल का विरोध किया। कांग्रेस सरकार द्वारा हिंदुओं पर अत्याचार किए गए। राष्ट्रीय स्वयंसेवक संघ के कार्यकर्ताओं को जेलों में कठोर यातनाएँ दी गई, लेकिन स्वयंसेवक पीछे नहीं हटे। वर्षों की तपस्या के बाद भारत की भूमि पर हिन्दुत्व को चाहने वाले प्रधानमंत्री नरेंद्र मोदीजी के नेतृत्व में हिन्दू राष्ट्र बनाया जा सकता है। आज़ादी के बाद भारत के इतिहास में उन नेताओं को महान बताया गया जो वास्तव में भारत में हिन्दू राष्ट्र के विरोधी थे। जिन्होंने मुसलमानों को पाकिस्तान जाने से रोका, पाकिस्तान को आर्थिक सहायता के नाम पर करोड़ों रूपए दिए, भारत की धरती कश्मीर पर क़ब्ज़ा करने दिया, भारत में आतंकवाद, उग्रवाद को बढ़ावा दिया, अब समय आ चुका है, जब भारत सरकार पर दवाब बनाया जा सकता है कि उन नेताओं की महानता को इतिहास की पुस्तकों से हटाया जाए। हिन्दू राष्ट्र विरोधियों को मिल रही सुविधाएं छीन ली जाएँ। हिन्दुओं के विरोधी महान नेताओं की भारतीय करेंसी से फ़ोटो हटाकर उन देश प्रेमियों

की तस्वीर को प्राथमिकता दी जाए, जो वास्तव में महान योद्धा थे। जिन शूरवीरों के साहस, बलिदान से भारत माता को अंग्रेजों की ग़ुलामी की जंजीरों से मुक्त कराया गया। आज भारत में हिन्दू परिवार के बच्चों को महान योद्धाओं की वीरता की कहानियों को पढ़ाने और सुनाने का समय आ चुका है। भारत के बच्चों में शेर जैसी दहाड़, आवाज़ और स्फूर्ति पैदा करें। भारत में नया इतिहास रच दें। भारत के इतिहास में भारत के प्रधानमंत्री नरेंद्र मोदीजी के कुशल नेतृत्व, मार्गदर्शन का वर्णन स्वर्ण अक्षरों में लिखा जाना चाहिए। भारत माता की जय, जय श्री राम की गूंज सुनाई देती रहनी चाहिए। जय हिंद!

केवल कृष्ण वर्मा " कौस्तव टाइम्स"

ॐ भारतीय जन विकास पार्टी

(आवाज़) आज़ाद भारत में हिन्दुओं को दबाए रखने के लिए महात्मा बने गांधी ने मुसलमानों के हित में ही आवाज़ उठाई। पाकिस्तान किसके इशारे पर बना। भारत को दो टुकड़ों में विभाजित किसने कराया। राष्ट्रपिता कैसे बने, अहिंसा के पुजारी कैसे बने, बापू गांधी कैसे बने, ये नाम हिंदुओं को गुमराह करने के लिए अंग्रेजों द्वारा दिए गए। पंडित बने नेहरू ने अंग्रेजों की ही राह पर चलते हुए गांधी को महान बनाया। कहीं दलितों का मसीहा भी बनाया। इतिहास गवाह है कि अहिंसा का पुजारी गांधी जहाँ भी गया, जिस प्रदेश में गया, वहाँ हिन्दुओं का नरसंहार हुआ, कत्लेआम हुआ और गांधी चुपचाप बैठे रहे। गांधी के कुकर्मों को उजागर करने का साहस किसी भी नेता में नहीं था। मीडिया भी शांत था। प्रिंटिंग पेपर का कोटा लेने के लिए मीडिया कभी भी कांग्रेस सरकार के नेताओं के काले कारनामों को उजागर नहीं कर पाया। गांधी और नेहरू परिवार को महान बताकर हिंदुओं को गुमराह किया जाता रहा। हिन्दू वास्तविकता को जानने की कोशिश करते, इससे पहले ही मुफ्त में चंद सुविधाओं की घोषणा कर हिन्दुओं को गुमराह किया जाता रहा। हिन्दुओं का वोट बैंक कभी नहीं बन पाया। हिन्दुओं को तो राजनीति के चक्रव्यूह में ही उलझा दिया जाता था। जातपात में बॉटकर हिंदुओं की वोट को भी हथिया लिया जाता था। आज भी हिन्दू पूर्ण रूप से एकजुट नहीं हैं, संगठित नहीं हैं। हिन्दू अपनी कमज़ोरियों के कारण ही गुलाम बने। मुगलों और अंग्रेजों को हिन्दुस्तान में बसने का मौक़ा दिया। भारत सोने की चिड़िया थी, जिसे मुगलों और अंग्रेजों ने लूटा और आजादी के बाद सत्ता पर विराजमान नेताओं ने लूटा। हमारी ही वोट से बने नेताओं ने अपने घरों की तिजोरियों को भरने के बाद विदेशी बैंकों में भी रूपया जमा कराया। जब गांधी, नेहरू परिवार की कांग्रेस के नेताओं को यह पता चला कि गुजरात के मुख्यमंत्री नरेंद्र मोदी भारत के प्रधानमंत्री बनने की राह पर हैं तो विदेशी बैंकों में जमा रूपया वापस निकाल लिया गया। भारत के प्रधानमंत्री को नीचा दिखाने

के लिए विदेशी शक्तियों से हाथ मिलाने वाले नेताओं ने नीचता की सभी हदें पार कर दी। महात्मा गाँधी की तरह आप आंदोलन तो कर नहीं पाए, लेकिन आतंकियों को किसान बनाकर दिल्ली की सीमाओं को बाधित कर दिया। हिन्दू यही सोचते रहे कि प्रधानमंत्री कोई ठोस कदम उठाएँगे। लेकिन यह नहीं सोचा कि जब तक दिल्ली की सीमाओं को बाधित करने वाले नेताओं और किसान बने आतंकियों को खदेड़ने का हम मिलकर प्रयास नहीं करेंगे तो प्रधानमंत्री नरेंद्र मोदी भी कठोर कदम कैसे उठा सकते हैं। इतिहास के वे पुराने पन्ने पढ़ने की कोशिश करें, जिसमें गुजरात के सोमनाथ मंदिर में मुगल शासकों द्वारा मचाई गई लूट का वर्णन है। मंदिर से सोना चाँदी लूटने के साथ ही हिन्दुओं की लाशों के ढेर लगा दिए। हिन्दुओं की बहिन बेटियों को सरेआम उठा कर ले गए। बचे हुए हिन्दू कुछ नहीं कर पाए। इन कहानियों से हमें सबक लेना चाहिए। अपना हिन्दू धर्म बचाने के लिए योद्धा बनना पड़ेगा। भारत माता का वीर सपूत बनना होगा। प्रधानमंत्री नरेंद्र मोदीजी के नेतृत्व में भारत देश को हिंदू राष्ट्र बनाना है। जय हिन्द!

केवल कृष्ण वर्मा " कौस्तव टाइम्स"

केवल कृष्ण वर्मा

ॐ भारतीय जन विकास पार्टी 🙏

(संविधान) भारत की आज़ादी के बाद सन् 1950 में संविधान लागू हुआ, लेकिन हम यह तो भूल ही गए कि हम हिन्दुओं का संविधान तो श्री गीता जी के 18 अध्याय में विस्तार से लिखा हुआ है। जिसे पढ़ा और सुना भी जा सकता है। लेकिन बाबा साहब आंबेडकर द्वारा लिखे गए संविधान के पृष्ठों को पढ़ने में कई वर्ष लग जाएँगे। क्योंकि संविधान को पूर्ण रूप देने से पहले भारत के प्रथम प्रधानमंत्री जवाहरलाल नेहरु ने अपने हित साधने के लिए कई बदलाव किए। कुरूक्षेत्र की भूमि पर भगवान श्री कृष्ण द्वारा अर्जुन को दिए उपदेश की व्याख्या बिल्कुल स्पष्ट है। जिसे बदला नहीं जा सकता। जबकि हमारे भारत के संविधान में सत्ताधारी नेताओं के अनुसार कभी भी बदला जा सकता है। भारत का संविधान हिन्दू राष्ट्र के लिए बन ही नहीं पाया। हमारे संविधान की त्रुटियों को सुधारने का समय आ चुका है। श्री गीता जी में स्पष्ट लिखा है कि जब शांति के सारे मार्ग बंद हो जाएँ तो युद्ध करो। आज हमारे पास सभी सुख सुविधाएं मौजूद हैं। हम यह सोचते हैं कि पूजा पाठ, हवन करना ही हमारा धर्म है। लेकिन यह नहीं सोचते कि हमारे हिन्दू धर्म और राष्ट्र के प्रति हमारा क्या योगदान है? हमारा धर्म हमें शांति से रहना सिखाता है, लेकिन जब हमारी शांति को भंग करने वाले हमारे ही देश में देशद्रोही नेताओं की फ़ौज हो, ग़द्दार और जयचंद हों, तो धर्म और देश के खिलाफ उठने वाले हाथों को तोड़ना, मरोड़ना भी हमारा परम धर्म है। भगवान श्री कृष्ण द्वारा दिए उपदेशों को अर्जुन ने माना और कौरवों का नाश हुआ। आज़ादी के 77वें वर्ष में जो हालात हमारे देश में बन रहे हैं, इनका समाधान तभी होगा, जब गीता में लिखे अध्याय को अपने अंदर समाहित कर लें। अपने अंदर अर्जुन जैसी ऊर्जा पैदा करें। शक्तिशाली योद्धा बनें और अपने बच्चों को भी बनाएं। कौरव पांडव युद्ध में भगवान श्री कृष्ण अर्जुन के सारथी बने और आज़ादी के वर्षों बाद हम हिन्दुओं को जागरूक करने के लिए प्रधानमंत्री नरेंद्र मोदीजी हमें मिले हैं। हमारी संस्कृति और संस्कारों की पहचान करा रहे

हैं। भारत को हिन्दू राष्ट्र बनाना चाहते हैं। हिन्दुओं की एकता, अखंडता, सुरक्षा को बनाए रखना चाहते हैं। भारत को विश्वशक्ति संपन्न देश बनाना चाहते हैं। लेकिन हम हिन्दू अपनी एकता, अखंडता का परिचय नहीं दे पाए। हिन्दू धर्म के दुश्मनों को सबक सिखाने के लिए समय का इंतज़ार कर रहे हैं। बांग्लादेश के हालात हमारी ऑखें के सामने हैं। यदि वहॉं रह रहे हिन्दू मरने की बजाय अपनी एकता का परिचय देते हुए हिन्दुओं के दुश्मनों का मुकाबला करने की कोशिश करते तो वहॉं हिन्दुओं को मारना आसान नहीं होता। जिन सुख सुविधाओं की चाहत को लेकर हिन्दू अपनी सुरक्षा की चिंता छोड़ कर धन संग्रह में लगे रहे, वह भी उनका नहीं रहा और मृत्यु के कगार पर पहुँच गए। क्या क़सूर था, उन हिन्दुओं का? हिन्दू तो वहॉं भी शांति से रह रहे थे। लेकिन यह शांति हिन्दुओं के दुश्मनों को पसंद नहीं आई। हिन्दुओं को मौत के घाट उतारा जा रहा है लेकिन बांग्लादेश में हिन्दुओं के नरसंहार को देखकर भी हिन्दुओं की सुरक्षा करने के लिए कोई देश आगे नहीं आया। यहॉं तक कि हमारे अपने ही देश में पनप रहे इंडिया गठबंधन के नेताओं के मुँह से हिन्दुओं की सुरक्षा के लिए कोई शब्द नहीं निकल पाया। हिन्दुओं को स्वयं अपनी सुरक्षा के लिए अस्त्र शस्त्र चलाना सीखना होगा। राष्ट्रीय स्वयंसेवक संघ की शाखाओं में ट्रेनिंग लेनी होगी। हमारी शांति को भंग करने वालों को उनकी औक़ात दिखानी होगी। जय हिन्द!

केवल कृष्ण वर्मा “ कौस्तव टाइम्स”

ॐ भारतीय जन विकास पार्टी

(रक्षक) हमारा रक्षक कौन है? हम हिन्दू यह सोचते हैं कि हमारा रक्षक परमपिता परमात्मा है। लेकिन परमपिता परमात्मा भी तो यह कहते हैं कि धर्म की रक्षा के लिए उठ खड़े हो जाओ। अपने प्राणों की ही सोचने वाले लोग अपनी रक्षा तो कर नहीं सकते, वे दूसरों की रक्षा कैसे कर सकते हैं। इतिहास गवाह है कि कायरों को हमेशा मौत का सामना करना पड़ता है। एक योद्धा यदि रणभूमि में अपने प्राण न्योछावर करता है तो स्वर्ग के दरवाजे भी उसके लिए खुल जाते हैं। इसलिए हमें अपने हिन्दू धर्म की रक्षा के लिए अस्त्र शस्त्र चलाना सीखना होगा। जब भी हम हिन्दू शांति की बात करते हैं तो हमारे दुश्मन हमें अशांत करने की कोशिश करते हैं। हमारे दुश्मनों की फ़ौज हाथों में हथियार लेकर हम हिन्दुओं का नरसंहार करने निकल पड़ती है।हिन्दुओं की लाशों के ढेर लग जाते हैं। पाकिस्तान बनने की घोषणा होते ही लाखों हिन्दू मारे गए। बांग्लादेश को आजादी दिलाने में भारत का बहुत बड़ा योगदान था, लेकिन आज वहाँ कट्टरपंथियों ने क़ब्ज़ा कर लिया है। वहाँ भी हिन्दुओं को मौत के घाट उतारने वाले कट्टरपंथियों के हाथ नहीं काँपते। इन कट्टरपंथियों के दिमाग़ में हिंदुओं को मारने के लिए जो ज़हर भरा जाता है, वह ज़हर हिन्दुओं की लाशों के ढेर लगाने के बाद भी नहीं निकलता। हिन्दू धर्म की रक्षा का दायित्व तो भविष्य में भी उठाना आसान नहीं होगा। हिन्दू अपनी कायरता, कमजोरियों के कारण घरों के अंदर रहकर अपने आपको सुरक्षित महसूस करते हैं, लेकिन यह उनकी भूल है। मौत उनके घर के दरवाजे पर दस्तक देती है। विश्वभर के हालातों को अनदेखा करने वाले हिन्दुओं को अपना भविष्य सुरक्षित करना है तो जनसंख्या को बढ़ावा दें। यदि हिन्दू जनसंख्या को बढ़ावा नहीं मिला तो सन् 2050 हम हिन्दुओं का नहीं होगा। हिन्दू अपने अस्तित्व की रक्षा नहीं कर पाएंगे। श्री गीता जी में लिखे उपदेश पढ़कर एक योद्धा बनने की कोशिश करें। मातृभूमि की रक्षा का संकल्प लेकर आगे बढ़ें। हिन्दू धर्म, हिन्दू राष्ट्र का संकल्प लेकर आगे बढ़ें। हमारा हर अगला

कदम सुरक्षित भविष्य को सुनिश्चित करने के लिए तैयार रखना होगा। भारत को तोड़ने के लिए विश्व शक्ति संपन्न देश सक्रिय हैं। प्रधानमंत्री नरेंद्र मोदी का प्रयास भी ढीला पड़ जाता है, जब हम हिन्दू ही अपनी एकता नहीं दिखा पाते। हम अपने उज्ज्वल भविष्य को देखना ही नहीं चाहते। हिन्दू तो मंदी और मँहगाई का रोना रोते हुए अपने सुरक्षित भविष्य के लिए धन संग्रह करते रहेंगे, बड़ी बड़ी कोठियॉं बनाने की सोच रखेंगे, लेकिन कभी यह क्यों नहीं सोचते कि यदि हमारे जीवन के बहुमूल्य क्षण हमारे दुश्मनों द्वारा छीन लिये गए तो क्या होगा? घड़ी की सुइयाँ अपना रोल अदा करती हैं, हमें भी अपना रोल अदा करना होगा। अपने परिवार को बढ़ाएँ और परिवार में से क्रांतिकारी योद्धा चुनें। आज़ादी के दीवानों की तरह हिन्दुओं के दुश्मनों के दिलों में ख़ौफ़ पैदा करना होगा, ताकि उन बहादुर योद्धाओं का नाम सुनते ही दुश्मनों की रूह काँप जाए। जय हिंद!

केवल कृष्ण वर्मा " कौस्तव टाइम्स"

ॐ भारतीय जन विकास पार्टी 🙏

(झूठ) भारत की आजादी के बाद हिन्दुओं को गुमराह करने के लिए सत्ता पर विराजमान नेताओं का एक झूठ ही सहारा था। महात्मा गाँधी और भारत के प्रथम प्रधानमंत्री पंडित जवाहरलाल नेहरू मुस्लिम परिवारों में जन्म लेने के बावजूद हिन्दू बनकर रहे। भारत की आज़ादी से पूर्व अंग्रेजों की चापलूसी करने में अग्रणी रहे। इसीलिए अंग्रेजों ने कभी भी इन दोनों नेताओं को ऐसी किसी भी जेल में बंद नहीं किया, जहाँ इन नेताओं को अन्य भारत माता के वीर सपूतों की तरह कठोर यातनाओं का सामना करना पड़ा हो। लेकिन महान तो बने ही रहे। आजादी के वर्षों बाद भी हम हिन्दू इस गांधी और नेहरू परिवार से पीछा नहीं छुड़ा पाए। जिस गांधी, नेहरू परिवार ने हिन्दुओं की हत्या कराने में अहम भूमिका निभाई, वे हमारे नेता होने ही नहीं चाहिए थे। हम हिन्दुओं के भीतर समाए डर को बाहर आने नहीं दिया गया। इन नेताओं की भारत माता के प्रति ग़द्दारी, हिन्दुओं के प्रति नफ़रत और ग़द्दारी को कैसे भुलाया जा सकता है। इन नेताओं का झूठ तो तब भी सामने आया, जब इस कांग्रेसी परिवार के मुँह से यह सुना जाने लगा कि गांधी के चरखे ने आजादी दिलाई। यदि चरखे से आजादी मिलती तो भारत माता के वीर सपूतों को अंग्रेजों की ग़ुलामी की जंजीरों से मुक्त कराने के लिए बलिदान देने की आवश्यकता ही नहीं पड़ती। महात्मा गाँधी यदि आदर्शवादी होते तो अफ़्रीका में रेलगाड़ी से उतारे नहीं जाते। इसी गांधी, नेहरू परिवार में विदेशी महिला शामिल हो गई, जिसने मुस्लिम नीतियों को बढ़ावा दिया। वक़्फ़ बोर्ड को बढ़ावा देकर हिंदुओं की ज़मीनों पर जबरन क़ब्ज़ा करने का अधिकार दिया और हिंदुओं को दबाए रखने का षड्यंत्र भी रचा। हिन्दुओं ने कभी यह जानने की कोशिश ही नहीं की कि वास्तव में हिंदुओं को दबाया क्यों जा रहा है? वैसे सच्चाई तो यह भी है कि हिंदू अपनी कायरता के कारण ही दबते रहे। भारत माता के वीर सपूतों, योद्धाओं के बलिदान को भूलकर धन संग्रह में लगे रहे। राष्ट्र धर्म को सर्वोपरि नहीं माना। यहाँ तक कि सनातन संस्कृति

और संस्कारों से भी दूर होते चले गए। जिसका परिणाम भी हम देख रहे हैं। हमारे युवा पीढ़ी के बच्चे हमारे बुढ़ापे का सहारा नहीं रहे। विदेशी धरती पर जाकर विदेशी संस्कारों को अपनाकर ऐशो आराम की ज़िंदगी बसर करने लगे। माता पिता के बुढ़ापे का सहारा भी छिन गया, जब झूठ का सहारा लेकर माता-पिता की मेहनत की कमाई से बना मकान भी बिक गया। हमारे ही अपने लोगों के बीच हमदर्दी का भाव ख़त्म होने लगा। यहाँ तक कि मृत्यु के बाद श्मशान घाट तक अर्थी को सहारा देने वाले अपने भी नदारद होने लगे। ऐसे असुरक्षित माहौल में भविष्य को सुरक्षित कैसे माना जा सकता है। देश के भीतर हमारे दुश्मनों की संख्या बढ़ती जा रही है और हमारे हिन्दू परिवारों में एक बच्चे को जन्म देने वाली जननी अपने कर्तव्य से भटक चुकी है। बच्चों को जन्म देने वाली माँ भागती जा रहीं है। हम हिन्दुओं का यही हाल रहा तो भविष्य को सुरक्षित समझने की भूल न करें। जय हिन्द!

केवल कृष्ण वर्मा “कौस्तव टाइम्स”

ॐ भारतीय जन विकास पार्टी 🙏

(हमदर्द) हिन्दुस्तान की आज़ादी के बाद पंजाब (पाकिस्तान) से आए हिन्दुओं के दर्द को समझने वाले ना तो अहिंसा के पुजारी गांधी थे और ना ही पंडित नेहरू, जिन्हें हम चाचा नेहरू भी पुकारते रहे। हिन्दुओं को वास्तविक स्थिति को देखने और समझने का कभी अवसर ही नहीं मिला। क्योंकि पंजाब से आए हिन्दुओं के पास खाने पीने के साधन, सामान भी नहीं था। भूखे प्यासे अपना तथा अपने परिवार का भरण पोषण करने के लिए मेहनत मज़दूरी करके जीवन यापन करने लगे। इस दौरान हमारे प्रिय नेता जातपात का भेदभाव पैदा कर सत्ता पर विराजमान रहने का रास्ता खोजते रहे। लेकिन हिन्दुओं का हमदर्द नहीं बने। हालात बदलते चले गए और भाई बहिन के रिश्तों में भी खटास पैदा होने लगी। जिस गांधी और नेहरू परिवार पर हम हिन्दू भरोसा करते आए, उसी परिवार ने हिन्दुओं को गुमराह करते हुए देश में उग्रवाद और आतंकवाद को जन्म देकर हिन्दुओं का नरसंहार कराया। गांधी और नेहरू परिवार पर भरोसा करने वाले नेता अपनी बढ़ती भूख के कारण अपनी औक़ात को भी भूल गए। जिन नेताओं को इस परिवार द्वारा जब कभी भी ठुकराया गया तो उन्हें अपनी औक़ात दिखाई देने लगी। उनका भ्रम टूटता चला गया। आज़ादी से पूर्व जिस कांग्रेस को भारत माता को अंग्रेजों की ग़ुलामी की ज़ंजीरों से मुक्ति दिलाने के लिए बनाया गया, वह उद्देश्य भारत माता के वीर सपूतों के बलिदान से पूरा हुआ। गांधी और नेहरू परिवार की ग़लतियों से चीन और पाकिस्तान ने भारत के बहुत बड़े भूभाग पर क़ब्ज़ा कर लिया। लेकिन भारत की सत्ता पर विराजमान नेताओं ने देशहित नहीं सोचा और यहॉं भी लोगों को गुमराह करते हुए हिन्द चीनी भाई भाई का नारा देते रहे। हम हिन्दुओं को झूठी हमदर्दी दिखाते रहे और हम चंद सुविधाओं को पाने के लिए ललायित रहने लगे और उलझते ही चले गए। लेकिन हमें वास्तविकता का ज्ञान कभी नहीं हुआ। भ्रष्टाचार एवं अपराध को बढ़ावा देने वाले, मुस्लिम नीतियों को अपनाने वाले हमारे नेता बने। मुगल शासकों द्वारा तोड़े गए हमारे पवित्र मंदिरों का पुनर्निर्माण करने में भी विघ्न बाधाएँ पैदा करते

रहे। अंधे क़ानूनों का सहारा लेकर अदालतों में अपने हित में निर्णय लेते रहे। जिससे आम आदमीं को न्याय मिलना भी असंभव हो गया। अदालतों में तारीख़ पर तारीख़ लगने लगी। लोगों का समय और रूपया बर्बाद होने लगा। मेहनत मज़दूरी करके जीवन यापन करने वाले असहाय होने लगे। लेकिन बहिष्कार करने की हिम्मत नहीं जुटा सके। वर्षों बाद भारत में आए बदलाव के कारण हिन्दुओं को गर्व से हिन्दू कहने का साहस पैदा करने वाले नेता मिले। हिन्दुत्व को आगे बढ़ाने वाले नेता मिले। लेकिन दुष्कर्मी नेताओं को यह बात रास नहीं आ रही कि हिन्दुस्तान में हिन्दू सुखमय जीवन व्यतीत कर सकें। इसीलिए नेताओं द्वारा वोट बैंक बनाए रखने के लिए मुफ्त में सुविधाएँ बाँटने की शुरुआत हुई। जिसका परिणाम यह हुआ कि देशहित न चाहने वाले नेताओं को वोट बैंक बनाए रखने के लिए हिन्दुओं का नरसंहार कराने के लिए, देश में दंगे फ़साद पैदा करने के लिए सोचना नहीं पड़ता। देशद्रोही नेताओं की इच्छा शक्ति को देखकर मुफ्त में सुविधाएँ पाने वाले सड़कों पर उतरकर विकास की गति को रोकने के लिए आंदोलन करने लगे। मंहगाई और मंदी बढ़ते ही देश को कुशल नेतृत्व देने वाले नेताओं को बदनाम करने में महारत हासिल करने वाले अनेकों नेताओं का महागठबंधन बनने लगा। देश में मेडिकल सुविधाएँ देने के नाम पर मचाई जा रही लूट के पीछे भी कांग्रेस सरकार के नेता ही थे। मेडिकल कॉलेज, इंजीनियरिंग कॉलेज भी तो कांग्रेस के नेताओं के नाम ही हैं। जहॉं डोनेशन के नाम पर लाखों रूपया लिया जाता है। स्कूलों और कॉलेजों में भारी फ़ीस, डोनेशन देने वाले बच्चों के माता-पिता पर बढ़ता बोझ किसी कांग्रेसी नेता को नज़र नहीं आया। शिक्षा का भी व्यवसायीकरण कर दिया गया। हम लोग संगठित होकर विद्रोह करने की हिम्मत नहीं जुटा पाए। वक़्फ़ बोर्ड बनाकर हिन्दुओं की ज़मीन जायदाद पर क़ब्ज़ा करने के रास्ते खोल दिए गए। हिन्दुओं को दबाए रखने के लिए मुस्लिम नीतियों को बढ़ावा दिया जाता रहा। लेकिन हिन्दू परिवार चुप रहने पर मजबूर थे। अस्पतालों में मेडिकल इंश्योरेंस का पता चलते ही भारी लूट मचाई जाने लगी। मेडिकल टैस्ट में ही लाखों रूपये का बिल बनने लगा। यहॉं तक कि दवाइयों, इंजेक्शन पर कई गुना ज़्यादा क़ीमत लिखी जानी लगी। जिसका असर किस पर पड़ा।

सीनियर सिटिज़न को जवानी से लेकर बुढ़ापे तक सरकार को टैक्स देना पड़ा, लेकिन जब बात सुविधाएँ देने की आई तो नेताओं के मुँह में एक ही घिसी पिटी बात होती है, देख लेंगे। लेकिन करना कुछ नहीं है। दुनिया बदल रही है, लेकिन हिन्दुस्तान के लोग नहीं बदल सकते। यदि बदलाव लाना है तो प्रधानमंत्री नरेंद्र मोदी के कुशल नेतृत्व को स्वीकार करते हुए सन् 2024 लोकसभा चुनावों में जीत का ऐसा परचम चला दें कि हर बच्चे, बूढ़े की ज़ुबान पर मोदीजी का नाम हो। हमारे अंदर राष्ट्र के प्रति समर्पण भावना हो। हम संकल्प के साथ आगे बढ़ने का प्रयास करें। जय हिन्द!

केवल कृष्ण वर्मा "कौस्तव टाइम्स "विकास न्यूज़

चेयरमैनः करप्पशन एंड क्राइम रिफोर्मस ऑर्गनाइज़ेशन (रजि.)

ॐ भारतीय जन विकास पार्टी 🙏

(जय हो) भारत माता को अंग्रेजों की ग़ुलामी की ज़ंजीरों से मुक्ति दिलाने वाले वीर सपूतों, शहीदों की जय हो। उन देशभक्त वीरों के बलिदान से हमें आज़ादी मिली। लेकिन सत्ता का हस्तांतरण करने के लिए 15अगस्त 1947 को जब अंग्रेजों ने भारत को आज़ाद करने की घोषणा की तो आज़ाद भारत के लोगों के चेहरे खिल उठे। लेकिन एक दिन पहले 14अगस्त 1947 को जब पाकिस्तान को आज़ाद घोषित कर दिया गया तो पंजाब (पाकिस्तान) में हिन्दुओं के खून से लाल हो रही धरती पर हिन्दुओं को बचाने कोई नहीं आया। जिन मुसलमान पड़ौसियों पर हिन्दुओं ने विश्वास किया, वे मुस्लमान भेड़िए बन गए। हिन्दुओं को चुन चुनकर मारा जाने लगा। हिन्दुओं की बहिन बेटियों को सरेआम उठाकर ले जाने वालों को रोक पाना भी संभव नहीं था। सभी अपनी जान बचाने के लिए इधर-उधर भटक रहे थे। यहाँ तक कि रेलगाड़ियों में हिन्दुओं को मारा-काटा गया। हिन्दुओं की लाशों से भरी गाड़ियाँ हिन्दुस्तान आई। इन लाशों के बारे में जानकार भी हिन्दुस्तान की सत्ता पर विराजमान नेता गांधी और नेहरू चुप रहे। पंजाब में हो रहे खून ख़राबे के बारे में अंग्रेजों के चापलूस और हिन्दू नेताओं को हमेशा गुमराह करने वाले हमारे देश के प्रिय नेताओं को जानकारी तो मिल चुकी थी, लेकिन गांधी और नेहरू शायद यह नहीं चाहते थे कि हिन्दू हिन्दुस्तान की धरती पर आएँ। मुस्लिम परिवारों में जन्म लेने वाले, मुस्लिम नीतियों के समर्थक हमारे नेता बने। आज़ाद भारत होने के बावजूद हमारे कश्मीर की धरती के बहुत बड़े भूभाग पर पाकिस्तानी सेना ने क़ब्ज़ा कर लिया और हमारे नेता चुप रहे। गृहमंत्री सरदार वल्लभ भाई पटेल को कश्मीर में सेना भेजने के लिए मना करने वाले पंडित नेहरू को गांधी ने सब कुछ जानते हुए भी आंदोलन करने की धमकी क्यों नहीं दी। जब आज़ादी के बाद पाकिस्तान को आर्थिक सहायता देने के लिए अनशन करने की धमकी दी जा सकती थी तो कश्मीर में रह रहे लोगों को बचाने का प्रयास क्यों नहीं किया गया। जिस अहिंसा के पुजारी गांधी को हम महात्मा गांधी के नाम से भी जानने लगे, वह वास्तव में हिन्दुओं का चहेता कभी नहीं

बन पाया, जिसे अंग्रेजों ने राष्ट्रपिता की उपाधि देकर सम्मानित किया था। आज़ादी के बाद गांधी और नेहरू परिवार की ग़लतियों का भारत हमें मिला। यदि गांधी द्वारा की जा रही ग़लतियों से तंग आकर पंडित नाथूराम गोडसे ने गोलियाँ चलाकर गांधी को मौत की नींद न सुलाया होता तो शायद एक अन्य पाकिस्तान की स्थापना हमारे देश के भीतर हो चुकी होती और हिन्दुओं को शाँति से जीने का अधिकार नहीं मिल पाता। अपने ही देश में हिन्दू अल्पसंख्यक होते। आज़ाद भारत का सपना यदि साकार हुआ है तो वह दिन भी भुलाया नहीं जाना चाहिए, जिस दिन हमारे देश को आज़ादी के वर्षों बाद साहसिक कदम उठाने वाला देशभक्त भारत माता का सच्चा सपूत प्रधानमंत्री नरेंद्र मोदी मिले। प्रधानमंत्री नरेंद्र मोदी ने हिन्दुओं को देश और विदेश में गर्व से हिन्दू कहने का साहस पैदा कराया। अब सोचिए कि सन् 1947 में हम आज़ाद हुए थे, या फिर उस दिन, जब हम अपने आपको सीना चौड़ा कर हिन्दू कहने लगे। धन्य हैं, हमारे देश के प्रधानमंत्री नरेंद्र मोदी। आज विश्वभर के नेता भी उनके आगे नतमस्तक हैं। हमें यह प्रयास करना होगा कि 15अगस्त 2023 को लाल क़िले की प्राचीर से राष्ट्र को संबोधित करने से पूर्व उन्हें राष्ट्रपुत्र की उपाधि से सम्मानित किया जाए। नोबेल पुरस्कार से सम्मानित किया जाए। जय हिन्द!

केवल कृष्ण वर्मा "कौस्तव टाइम्स "विकास न्यूज़

ॐ भारतीय जन विकास पार्टी 🙏

(आनंद) हिन्दुस्तान की आज़ादी के बाद जिस आनंद की कल्पना भारत माता के वीर सपूतों ने की थी, वह आनंद तो उन नेताओं को मिला, जो कभी अंग्रेजों के चापलूस थे। मुस्लिम परिवारों में जन्म लेने वाले महात्मा गांधी, चाचा नेहरू को हम हिन्दू अपना नेता मानते रहे। लेकिन वास्तव में गांधी और नेहरू परिवार मुस्लिम नीतियों के समर्थक थे। हिन्दू बनकर देशभक्तों को गुमराह करने की कला में निपुण थे। पंजाब से बंगाल तक हिन्दू मारे जाते रहे, इसके लिए भी गांधी और नेहरू परिवार ज़िम्मेदार है। लेकिन मुफ्त में सुविधाएँ पाने वालों को गांधी और नेहरू परिवार की कमियाँ नज़र नहीं आ सकती। यदि मुगलों और अंग्रेजों का भारत में हुए आगमन की कहानी मुफ्त में सुविधाएँ पाने वालों की समझ में आ जाए तो हिन्दू राष्ट्र की स्थापना के लिए प्रधानमंत्री नरेंद्र मोदी को भी सोचना नहीं पड़ेगा। वैसे तो हमारे प्रधानमंत्री नरेंद्र मोदी के कुशल नेतृत्व में हिन्दू राष्ट्र की स्थापना कोई समस्या नहीं है। लेकिन जब तक हम हिन्दू संगठित होकर देशद्रोही नेताओं को हिन्दुस्तान से बाहर खदेड़ने का प्रयास नहीं करते, तब तक हमें कठिनाइयों के दौर से गुजरना ही पड़ेगा। हमें आनंद का अनुभव तब तक नहीं मिल सकता, जब तक हम हिन्दू जातपात के भेदभाव को मिटाकर भारतीय नहीं बनते। यदि हम प्रधानमंत्री नरेंद्र मोदी के कुशल नेतृत्व में भारतीय नहीं बन पाए तो मुस्लिम नीतियों का खुलकर समर्थन करने वाले अनेकों नेता अहिंसा के पुजारी गांधी की समाधि पर नतमस्तक होकर हमारे सुखमय जीवन का आनंद छीन लेंगे। आज हमारे देश को प्रगति के पथ पर ले जाने के लिए प्रधानमंत्री नरेंद्र मोदी की कार्यशैली की प्रशंसा करने की बजाए मुफ्त में सुविधाएँ पाने वाले, बिना परिश्रम किए खाने की आदत डाल लेने वाले गांधी और नेहरू परिवार मुक्त भारत कभी नहीं चाहेंगे। मुफ्त में सुविधाएँ पाकर गुलाम बनकर रह सकते हैं। शारीरिक क्षमता को ख़त्म कर सकते हैं। बच्चों को शिक्षित करने की बजाए मुफ्त में सुविधाएँ पाने की लालसा में अपने ही परिवार की सुरक्षा को ख़तरे में डाल देते हैं। ऐसे लोग राष्ट्र हित सोचने वाले प्रधानमंत्री नरेंद्र मोदी की कार्यशैली को

जानना ही चाहते। इसीलिए चुनाव से पूर्व प्रधानमंत्री नरेंद्र मोदी को मजबूरन उन रास्तों से गुजरना पड़ता है, जिन रास्तों पर चलना उन्हें नहीं भाता। मुफ्त में सुविधाएँ बाँटना देशहित में नहीं है। अमेरिका के धराशायी होते बैंकों का कारण भी यही है। इंग्लैंड (यू.के.),में भी इन्हीं हालातों ने वहाँ की अर्थव्यवस्था को अस्थिर कर दिया है। बहुत से ऐसे देश हैं, जहाँ मुफ्त में सुविधाएँ पाने वाले लोन ही नहीं चुकाते और देश की सुरक्षा को दाँव पर लगा देते हैं। आज भारत यदि सुरक्षित है, भारत की अर्थव्यवस्था यदि मज़बूती की ओर कदम बढ़ा रही है तो इसका श्रेय केवल हमारे प्रधानमंत्री नरेंद्र मोदी को जाता है। उन्हें कठोर कदम भी तो राष्ट्र हित में उठाने पड़ रहे हैं। जरा सोचिए कि हमारे पास धन धान्य की कमी नहीं है। व्यापार है, अच्छी सेलरी है, फिर भी मंहगाई मंदी का रोना रोकर देशहित सोचने वाली पार्टी के लिए वोट देने में भी आनाकानी करते हैं। जबकि प्रधानमंत्री नरेंद्र मोदी के पास तो रिटायरमेंट के बाद अपना एक भव्य मकान भी नहीं है। लेकिन उनके पास भारत की जनता का प्यार है, आशीर्वाद है। राष्ट्रहित सोचने की क्षमता है। विश्व शक्ति संपन्न देश बनाने की क्षमता है। विश्व कल्याण की भावना है। कोरोना वायरस के दौरान हम देख ही चुके हैं। किस प्रकार भारत ही नहीं, विश्वभर में लोगों को बचाने का प्रयास करते हुए सर्वप्रथम इंजेक्शन उपलब्ध कराए। वहीं हमने देशद्रोही नेताओं द्वारा अपनाई जा रही भ्रष्ट नीतियों के कारण उनके मुख से निकले इन शब्दों को भी कैसे भुलाया जा सकता है कि इंजेक्शन नहीं, ऑक्सीजन नहीं। जबकि सब कुछ उपलब्ध था। लेकिन जनता को गुमराह कर मौत का खेल यहाँ भी खेला गया। बाज़ारों से, अस्पतालों से ऑक्सीजन ग़ायब, इंजेक्शन ग़ायब, यहाँ तक कि जीवन रक्षक दवाइयाँ भी ग़ायब हो गई। अस्पतालों में बैड की सुविधा न हो पाने के पीछे का कारण भी भ्रष्ट नीतियों का समर्थन करने वाले हमारी वोट से बने नेता ही थे। आज हमारे प्रधानमंत्री नरेंद्र मोदी देश की सुरक्षा का दायित्व उठाते हुए भारत को हिन्दू राष्ट्र बनाने के लिए प्रयासरत हैं। ताकि हमारी आने वाली पीढ़ियों का भविष्य भी सुरक्षित रहे। उनकी कार्यशैली को जानने की कोशिश हमें करनी है। हिन्दू राष्ट्र के लिए

अपने वोट की क़ीमत जानें। हमें ऐसा राष्ट्र चाहिए जहाँ मानवता की सेवा करने की क्षमता हो। सभी सुरक्षित हों। जय हिन्द।

केवल कृष्ण वर्मा "कौस्तव टाइम्स "विकास न्यूज़

ॐ भारतीय जन विकास पार्टी 🙏

(सहारा) भारत की आज़ादी का जश्न मनाने से पूर्व ही पंजाब ((पाकिस्तान) में हिन्दुओं के खून से धरती लाल होती रही और हिन्दुस्तान की सत्ता पर विराजमान होने जा रहे नेता अंग्रेजों से अभी भी अंदरूनी प्रेम की कहानियों को अंजाम दे रहे थे। हिन्दुओं की मौत की चिन्ता किसी भी नेता विशेषकर गांधी और नेहरू को नहीं थी। हिन्दुओं की लाशों से भरी गाड़ियाँ हिन्दुस्तान की सीमा में प्रवेश कर चुकी थी। छोटे दूध पीने वाले बच्चे अपनी मॉं का आंचल हटाकर मॉं की स्तन अपने कोमल हाथों से ढूँढ रहे थे लेकिन मॉं के स्तन तो मुस्लिम दरिंदों द्वारा पहले ही काट दिए गए थे। रेलगाड़ी में लाशों के ढेर में से अपनों को पहचानना भी मुश्किल हो गया। मुस्लिम परिवारों में जन्म लेने वाले गांधी, नेहरू और जिन्ना की चाहत पूरी हुई। मुगल नीतियाँ सफल हुई। भारत की आज़ादी लाखों हिन्दुओं के बलिदान से मिली। लेकिन इसका लाभ अहिंसा के पुजारी गांधी, नेहरू और जिन्ना को मिला। तीनों की आपसी सहमति का परिणाम था कि नेहरू भारत के प्रधानमंत्री बने और जिन्ना पाकिस्तान में बने। महात्मा गांधी हिन्दुओं को मरते देखकर भी मुसलमानों को पाकिस्तान भेजने को तैयार नहीं हुए। गांधी और नेहरू परिवार के लिए देशहित ज़रूरी नहीं था। हिन्दुओं की जान बचाना ज़रूरी नहीं था। उन्हें तो मुस्लिम नीतियाँ ही पसंद थी। मुगलों और अंग्रेजों की तरह हिन्दुओं को गुलाम बनाए रखने की साज़िश को अंजाम दिया जाता रहा। लेकिन मुस्लिम परिवारों में जन्म लेने वाले नेताओं की भूमिका को समझने में हम हिन्दू भूल कर गए। इसी कारण उन्हें अपना नेता मानते रहे। गांधी और नेहरू का पाकिस्तान के नेताओं से अंदरूनी लगाव, सहमति का ही परिणाम था कि हमारे कश्मीर की पवित्र धरती पर भी पाकिस्तानियों को क़ब्ज़ा करने दिया गया। कश्मीर में नेहरू ने अपने ही परिवार से संबंधित शेख़ अब्दुल्ला को हिन्दुओं पर राज करने के लिए बिठा दिया। जिसका परिणाम हम देख ही रहे हैं। हिन्दुओं को मजबूरी में कश्मीर छोड़कर दूसरे प्रदेशों में परिवार का भरण पोषण करने के लिए जाना पड़ा। भूखे प्यासे सर्द हवाओं में रहने पर मजबूर होना पड़ा। आज़ादी

के बाद भारत की धरती पर पंजाब से आए हिन्दुओं को भी इन्हीं समस्याओं, विपदाओं से गुजरना पड़ा था । मेहनत मज़दूरी करके जीवन यापन करना ज़रूरी था। लेकिन आज़ाद भारत की धरती पर उनकी सुनने वाला कोई नहीं था।हिन्दुओं ने अपने परिवार का पालन पोषण करते हुए देशहित को सर्वोपरि माना। लेकिन हिन्दुस्तान के नेताओं ने मुस्लिम नीतियों को अपनाकर देश की जनता को गुमराह करते हुए जातपात में बॉट दिया। पंजाब से बंगाल तक हिन्दू मारे जाते रहे। लेकिन हिन्दुओं का नरसंहार करने वालों को फाँसी के फंदे पर लटकाने की बजाए पकड़े जाने पर अदालतों से छुड़ाने के लिए वकीलों की फ़ौज को खड़ा कर दिया जाता रहा। इससे आतंकवादियों, उग्रवादियों को बढ़ावा मिला। क्योंकि उन आतंकवादियों, उग्रवादियों को पता चल चुका था कि हिन्दुस्तान की सत्ता पर विराजमान नेता उनके सहायक बनकर छुड़ा ही लेंगे। वैसे भी हमारे देश के नेता पाकिस्तान, चीन और अमेरिका के आगे नतमस्तक रहते थे। मुस्लिम नीतियों को अपनाने वाले परिवार के सदस्य आज भी हिन्दुओं से घृणा करते हैं। हिन्दुओं को गुमराह करने के लिए कभी जनेऊ पहनते हैं तो कभी मुस्लिम टोपी पहनकर नमाज़ पढ़ते नज़र आते हैं। मुस्लिम वोट बैंक को अपना बनाने के लिए भारत के अनेकों नेता मुस्लिम टोपी पहनने से हिचकिचाते नहीं। मुस्लिम परिवारों में जन्मी बेटियॉं से तो उनका लगाव है, जिन्हें वे अपने परिवार की बेटियॉं मानते हैं और हिन्दू परिषद में जन्म लेने वाली बेटियों को अपना मानने से इंकार कर देते हैं। गांधी की तरह हिन्दुओं की बेटियों से ब्लातकार होते देखकर भी ऑंख, कान और मुँह बंद रखते हैं। यहॉं तक कि दरिंदों को सजा तक नहीं दी जा सकती। आज भी जहॉं गांधी और नेहरू परिवार की कांग्रेस सरकार है, वहॉं हिन्दू सुरक्षित नहीं हैं। चंद सुविधाएँ बॉटकर अपना वोट बैंक बनाने वाले नेता हमारे भारत की धरती पर बोझ बने हुए हैं। ऐसे नेता उन लोगों की शारीरिक क्षमता को ख़त्म कर रहे हैं। उनका शोषण कर रहे हैं। लेकिन चंद सुविधाएँ पाने वाले हिन्दू, जिन्हें बिना परिश्रम किए खाने की आदत डाल दी गई है, वे एक राष्ट्र हित की सोच रखने वाले नेता प्रधानमंत्री नरेंद्र मोदी को अपना नेता मानने को तैयार नहीं हैं। हमारे प्रधानमंत्री नरेंद्र मोदी के कुशल नेतृत्व की प्रशंसा विदेशी नेता भी करते हैं और

देश के भीतर हमारी वोट से बने नेता चेहरा बदल बदलकर गालियाँ देते हैं। इन नेताओं को हिन्दुस्तान से प्रेम नहीं। उन्हें तो गांधी और नेहरू परिवार की तरह मुस्लिम वोट बैंक से प्रेम है। जो हम हिन्दुओं के लिए घातक है। जिसे समझना उन हिन्दुओं के लिए बहुत ही मुश्किल है, जो चंद सुविधाएँ पाने के लिए ललायित रहते हैं। जिन्हें बिना परिश्रम किए सभी सुविधाएँ मिल रही हैं, खाने के लिए राशन मिल रहा है, वे हिन्दू राष्ट्रहित की सोच ही नहीं सकते। इसलिए अब उन हिन्दुओं को संगठित होकर जातपात के भेदभाव को मिटाकर मुफ्त में सुविधाएँ पाने वालों को भी समझाना होगा, अपने साथ मिलाना होगा, जिन्हें राष्ट्र से प्रेम है। जय हिन्द!

केवल कृष्ण वर्मा "कौस्तव टाइम्स "

राष्ट्रीय अध्यक्षः हिन्दू विराट सेना 🙏

ॐ भारतीय जन विकास पार्टी 🙏

(तिरंगा) आज़ादी के 77वें वर्ष में हमारे भारत के राष्ट्र पुत्र प्रधानमंत्री नरेंद्र मोदी ने लाल क़िले की प्राचीर से राष्ट्रीय ध्वज लहराते हुए देश की जनता को अपने शुभ विचारों से संबोधित भी किया। झंडा ऊँचा रहे हमारा! यह सोच हम सभी भारतीय जन के बीच होनी चाहिए। देश और विदेश में भी हमारे भारत के तिरंगे झंडे को सम्मानपूर्वक लहराया जाएगा। लेकिन जिस आज़ादी के महोत्सव को हम मनाने जा रहे हैं, वह आज़ादी हमें इसलिए नहीं मिली कि हम राष्ट्र के प्रति कर्तव्य को निभाने की कोशिश ही न करें। केवल धन दौलत इकट्ठा करने में व्यस्त रहें। यह धन दौलत तो भारत माता को अंग्रेजों की ग़ुलामी की ज़ंजीरों से मुक्ति दिलाने वाले भारत माता के वीर सपूत भी कमा सकते थे। लेकिन उन्होंने अपने प्राणों की परवाह नहीं करते हुए भारत माता को अंग्रेजों की ग़ुलामी की ज़ंजीरों से मुक्ति दिलाने का संकल्प लिया और सफलता हासिल की। आज़ादी दिलाने वाले भारत माता के वीर सपूत हमारे बीच नहीं हैं, लेकिन उनकी यादें तो हमारे दिलों में हैं। हमें आज़ादी के इस महोत्सव पर भारत माता के वीर सपूतों को नमन करना चाहिए। परमपिता परमात्मा को नमन करना चाहिए। आज़ादी की चाहत में शहीद हुए भारत माता के वीर सपूतों के माता-पिता को भी नमन करना चाहिए। उन्होंने हमें ऐसे वीर सपूत भारत माता की रक्षा के लिए दिए और हमें आज़ादी मिली। आज हम आज़ाद हैं तो केवल उन वीर सपूतों के बलिदान से, जिन्होंने अपने प्राणों की परवाह नहीं करते हुए हमें ग़ुलामी की दास्ताँ से बाहर निकाला। लेकिन हमें आज़ादी के 77वें वर्ष में यह भी नहीं भूलना चाहिए कि आज भारत ही नहीं, विश्वभर में आतंक का साया बढ़ता ही जा रहा है। लेकिन इस आतंक को बढ़ावा देने वाले नेताओं को भी भूलना नहीं चाहिए। हमारे देश का विभाजन करने वाले, हिन्दुओं को गुमराह करने वाले, हिन्दुओं का नरसंहार कराने वाले गांधी और नेहरू परिवार को भी कैसे भुलाया जा सकता है। आज़ादी के क्या मायने होते हैं, यह हमें किसने सिखाया। हमारे देश के प्रिय प्रधानमंत्री नरेंद्र मोदी ने हिन्दुओं में हिन्दुत्व के प्रति नया संदेश दिया। हममें गर्व से हिन्दू

कहने का साहस पैदा कराया। भारत को विश्व शक्ति संपन्न देश बनाने के लिए प्रयासरत रहे। आज विश्वभर के नेता जिसके आगे नतमस्तक हो रहे हैं, वह सौभाग्य से हमारे देश के प्रधानमंत्री नरेंद्र मोदी हैं। यह हमें भूलना नहीं चाहिए। आज आतंकवादियों और उग्रवादियों को बढ़ावा देने वाले नेताओं की सॉस भी रूकती सी नज़र आती हैं। उनके दिल में भय समाया रहता है कि न जाने कब तक जेल की चारदीवारी के भीतर आख़िरी सॉस का इंतज़ार करना पड़ेगा। यह तो हम सभी जानते हैं कि कर्मों का भुगतान तो करना ही पड़ेगा। आज देश को उन्नति के शिखर पर पहुँचाने में असमर्थ रहने वाले, देश का ख़ज़ाना लूटकर विदेशी बैंकों को भरने वाले नेता भी आश्चर्यचकित हैं। आज़ादी के बाद अधिकतर नेताओं की सोच तो भारत में मुस्लिम परिवारों को स्थापित करने की रही। लेकिन भारत के राष्ट्र पुत्र प्रधानमंत्री नरेंद्र मोदी की सोच देशवासियों के हित में रही। देश को उच्च शिखर पर ले जाने वाले प्रधानमंत्री के कुशल नेतृत्व को कुछ लोग अपने स्वार्थ के लिए अस्वीकार करते हैं। इसके पीछे एक ही कारण मुफ्त में सुविधाएँ पाने की लालसा है। लेकिन ऐसे लोग यह नहीं जानते कि मुफ्त में सुविधाएँ पाकर अपनी शारीरिक क्षमता को ख़त्म कर रहे हैं। हमें संगठित होकर ऐसे लोगों के बीच जाकर समझाना होगा कि मुफ्त में सुविधाएँ बॉटने वाले नेता ही आने वाले कल के दुश्मन बनेंगे। हम हिन्दुओं को गुमराह करने वाले नेताओं की गुप्त चालों को समझना होगा। तभी हम सुरक्षित रह पाएँगे। जय हिन्द !

केवल कृष्ण वर्मा "कौस्तव टाइम्स "विकास न्यूज़

ॐ भारतीय जन विकास पार्टी 🙏

(मंज़िल) हिन्दुस्तान की आज़ादी के बाद सत्ता पर विराजमान नेता अपनी मंज़िल तो तय कर ही चुके थे। लेकिन हम हिन्दू अपनी मंज़िल तय नहीं कर पाए। हिन्दुओं को गुमराह किया जाता रहा। हम हिन्दू ही राजनीतिक चक्रव्यूह में फँसते चले गए। जातपात के भेदभाव को मिटाने की बजाए उलझते ही चले गए। हम की भावना दिलों से दूर होकर "मैं" पर रूकने लगी। जैसे जैसे धन दौलत बढ़ने लगी, रिश्तों में खटास बढ़ने लगी। अपने ही अपनों से दूर होते चले गए। ये दूरियॉं यदि बढ़ी तो इसके पीछे भी हमारे नेताओं की घटिया सोच काम कर रही थी। लेकिन जब कोई तुम्हारे लिए दरवाज़ा बंद करें तो उसे अहसास दिला दो कि कुंडी दोनों तरफ़ होती है। लेकिन हम ऐसा नहीं कर पाए, क्योंकि हम शांति दूत हैं। हम मर तो सकते हैं, लेकिन मुक़ाबला करने की क्षमता पैदा नहीं कर सकते। अब यह क्षमता आएगी कैसे? जब हमारे परिवार में विवाह योग्य उम्र निकल जाने के बाद भी युवा पीढ़ी के बच्चों को विवाह बंधन में बॉंध नहीं पा रहे तो हिन्दुओं में हिम्मत कहाँ से आएगी। आठ दस बच्चों को जन्म देने वाले माता-पिता कहाँ से आएँगे। यदि युवा पीढ़ी को ऐशो-आराम की ज़िन्दगी को जीना है तो परिवार (औलाद) का होना भी ज़रूरी है। बुढ़ापे का सहारा कौन बनेगा। सरकार तो बुढ़ापे का सहारा बन नहीं सकती। जब सरकार सीनियर सिटिज़न को रिटायरमेंट की उम्र बीत जाने के बाद भी टैक्स देने पर मजबूर करती है तो बुढ़ापे का सहारा कौन हो सकता है। सभी केटिगरी के लोगों को वोट बैंक के लिये सुविधाएँ दी जा सकती हैं तो सीनियर सिटिज़न को सुविधाएँ क्यों नहीं दी जाती। क्या युवा पीढ़ी की तरह सरकार को भी बूढ़े लोगों की ऑंखों में ऑंसू देखना पसंद है। हमें सुरक्षित भविष्य चाहिए तो संगठित होना होगा। अपनी मंज़िल स्वयं तय करनी होगी। आज़ादी के बाद हम संगठित नहीं हो पाए, लेकिन अब तो संगठित होना ही होगा। वरना देश के भीतर दुश्मनों की फ़ौज हमें मौत के साये में जीने के लिए मजबूर कर देगी। यदि जीवन को खुशहाल बनाना है तो अपने परिवार की ग़लतियों को दोहराने का अवसर न दें। बुढ़ापे का सहारा रूपया तो है, लेकिन परिवार

में नन्हें बच्चों को देखकर जो उत्साह पैदा होता है, इसे नज़रअंदाज़ न होने दें। अपने बच्चों को शिक्षित करने के साथ ज़िम्मेदारियों का अहसास भी कराएँ। देश के दुश्मनों, ग़द्दारों और जयचंदों से यदि बचना है तो जीने के रास्ते खोजें। विवश होकर जीने का क्या लाभ होगा। हमें यदि जीना है तो गर्व के साथ जीना सीखें। सनातन संस्कृति और संस्कारों को बढ़ावा दें। किसी भी धार्मिक स्थल, आश्रम में अपनी अहमियत न दिखाएं। प्रभु सिमरण करें। घर में बड़ों का आशीर्वाद लेना न भूलें। हमें मुगल शासकों ने हमारी कमज़ोरियों के कारण गुलाम बनाया, लेकिन अब नहीं। विपदा की घड़ी में साहसपूर्वक मुक़ाबला करने की तैयारी शुरू कर दें। धन्यवाद! जय हिन्द!

केवल कृष्ण वर्मा "कौस्तव टाइम्स "विकास न्यूज़

ॐ भारतीय जन विकास पार्टी 🙏

(सत्य की खोज) आज़ादी की लड़ाई में शहीद हुए भारत माता के वीर सपूतों की बहादुरी की कहानियों को इतिहास की पुस्तकों से हटाने के पीछे गांधी और नेहरू परिवार की साज़िश ही थी। गांधी और नेहरू परिवार मुस्लिम होने के बावजूद हिन्दू बनकर रहे। अंग्रेज बहुत चालाक थे। जब गांधी अंग्रेज़ी सरकार के दौरान नौकरी कर रहे थे तो नौकरी छोड़कर अंग्रेजों के चापलूस बनकर देशभक्तों की गुप्त सूचनाओं को अंग्रेजों तक पहुँचाते रहे। एक गुप्तचर की भूमिका निभाते रहे। अंग्रेजों ने ही राष्ट्रपिता की उपाधि दी और हिन्दुओं और मुसलमानों में भेदभाव पैदा कराने के लिए अहिंसा का पुजारी गांधी बना दिया। ताकि भारत माता को अंग्रेजों की ग़ुलामी की ज़ंजीरों से मुक्ति दिलाने वाले देशभक्त वीरों को कहीं संदेह न हो। यदि कोई देशभक्त गांधी के विचारों से सहमत नहीं होता था तो उस देशभक्त को काला पानी की सजा दी जाती थी। जहाँ कठोर यातनाओं के अतिरिक्त कुछ नहीं था। छोटी सी काल कोठरी में जहाँ सोने की जगह भी नहीं होती थी और लोहे की ज़ंजीरों से बंधे होते थे, वहाँ देशभक्तों को मरने के लिए छोड़ दिया जाता रहा। लेकिन अपने दिलों में आज़ादी का सपना संजोए हुए देशभक्त वीरों ने अंग्रेजों के आगे नतमस्तक होना नहीं सीखा। आज़ादी से पूर्व और आज़ादी के बाद भी हिन्दुओं को मरवाने के लिए गांधी और नेहरू परिवार की साज़िशों पर पर्दा उठ नहीं पाया। हिन्दुओं को कमजोर करने की कोशिश की जाती रही। देश में आतंकवादियों और उग्रवादियों को बढ़ावा देकर हिन्दुओं पर अत्याचार करने वाले नेताओं को प्राथमिकता दी जाती रही। हिन्दुओं के खून से धरती लाल होती रही। जैसी करनी वैसी भरनी, यह कहावत यहाँ भी चरितार्थ होती है। जनवरी 30 सन् 1948 का वह दिन कैसे भुलाया जा सकता है जब देशहित चाहने वाले भारत माता के वीर सपूत पंडित नाथूराम गोडसे ने अहिंसा के पुजारी गांधी को मौत की नींद सुला दिया। इस दौरान भी बहुत बड़ी संख्या में हिन्दुओं को मार दिया गया। जिसका वर्णन इतिहास की पुस्तकों में देखने को भी नहीं मिलेगा। हिन्दुओं को मरवाने वाला नेहरू परिवार था। सन्

1984 से पूर्व यदि पंजाब में हिन्दुओं को मरवाया गया तो 31अक्तूबर 1984 का वह दिन भी कैसे भुलाया जा सकता है, जब हिन्दुओं और सिखों की हत्यारी इन्दिरा गाँधी को गोलियों से भून दिया गया। नेहरू गांधी परिवार के सदस्य, पुत्र राजीव गांधी ने श्रीलंका में अपनी सेना भेजकर हज़ारों सेना के वीरों को मरवा दिया, इसका परिणाम भी हम देख चुके हैं। आज़ादी के बाद कांग्रेस सरकार ने हिन्दुओं की मौत के अतिरिक्त क्या दिया। देश में वक्फ बोर्ड बनाकर मुसलमानों को राहत दी गई। हिन्दुओं द्वारा दिए गए टैक्स से मुसलमानों को सुविधाएँ दी जाती रही। आज़ादी के दौरान अंग्रेजों से गुप्त समझौता, वार्ताएँ कर देश का बँटवारा कराया और देश का ख़ज़ाना ख़ाली किया जाता रहा। भ्रष्टाचार एवं अपराध को बढ़ावा देकर विदेशी बैंकों को भरा गया। यहॉं तक कि अपनी सत्ता बचाने के लिए अमेरिका के धराशायी होते बैंकों को भरने के लिए करोड़ों डालर भीतरी तरीक़े से पहुँचाकर भारत की अर्थव्यवस्था को डुबो दिया गया। यदि हिन्दू कांग्रेस की मुस्लिम नीतियों को समझ जाते तो कांग्रेस को वर्षों तक हिन्दुस्तान की सत्ता पर विराजमान रहने का अवसर नहीं मिल पाता। हिन्दुस्तान में बदलाव तो आज़ादी के कई वर्षों बाद आया और हमें देशहित सोचने वाला प्रधानमंत्री नरेंद्र मोदी मिला, उनके अदम्य साहस, प्रयास से देश की अर्थव्यवस्था को सुदृढ़ बनाने का अवसर मिला। देश में चारों ओर विकास को गति मिली। चारों धाम की यात्रा आसान हुई। मुगल शासकों द्वारा तोड़े गए हमारे पवित्र मंदिरों का पुनर्निर्माण हो पाया। लेकिन इतना कुछ होने के बावजूद हिन्दू संगठित नहीं हो पाए। यदि देशद्रोही नेताओं की फ़ौज को हमने नहीं रोका तो हमारा भविष्य सुरक्षित नहीं रह पाएगा। जागो, हिन्दुओं जागो। प्रधानमंत्री नरेंद्र मोदी की कार्यशैली को जानने की कोशिश करें। हिन्दुत्व के प्रति समर्पण भावना दिखाएं। जय हिन्द!

केवल कृष्ण वर्मा "कौस्तव टाइम्स "विकास न्यूज़

राष्ट्रीय अध्यक्षः हिन्दू विराट सेना 🙏

ॐ भारतीय जन विकास पार्टी 🙏

(बलिदान) हिन्दुस्तान की आज़ादी के दौरान गांधी, नेहरू, जिन्ना और अंग्रेज भारत माता के वीर सपूतों के साहस, बलिदान से हमेशा घबराए रहते थे। क्योंकि उन्हें सत्ता सुख हाथ से छिन जाने की चिंता सताए रहती थी। अंग्रेजों को पता चल चुका था कि अब यदि भारत को आज़ाद घोषित नहीं किया गया तो अंग्रेजों को भारत से निकलना भी मुश्किल हो जाएगा। भारत माता के वीर सपूतों के हाथों मारे जाएँगे। हमें भारत माता के वीर सपूतों के बलिदान से ही आज़ादी मिली। लेकिन आज़ादी के बाद सत्ता पर विराजमान होते ही देशभक्तों के बलिदान को भुलाकर गांधी और नेहरू महान बन गए। गांधी और नेहरू परिवार महान बनने का सपना कभी साकार नहीं होता, यदि पंजाब (पाकिस्तान) में हिन्दू मारे नहीं जाते। हिन्दुओं की कम होती आबादी, भरण पोषण के साधन उपलब्ध न होना, कई ऐसे कारण थे, जिससे गांधी और नेहरू परिवार को मजबूरी में नेता मानना पड़ा। जो परिवार मुगल शासकों की तरह हिन्दुओं पर भिन्न भिन्न प्रकार से अत्याचार करता रहा। कभी आतंकवाद तो कभी उग्रवाद, इन्हें सहारा देने वाला गांधी और नेहरू परिवार ही था। वैसे भी हिन्दुओं को मरवाना किसी भी नेता के लिए मुश्किल नहीं था। यदि मुश्किल था तो वह हिन्दुओं का संगठित न हो पाना। जिसका लाभ गांधी और नेहरू परिवार की नीतियों को अपनाकर चलने वाले अनेकों नेता हैं। जिनका वर्णन करने लगे तो असंख्य नाम मिल जाएँगे। वर्षों बाद हिन्दुओं के हित की सोच रखने वाले प्रधानमंत्री नरेंद्र मोदी की कार्यशैली को भी हम लोग अपने स्वार्थ के कारण जानना ही नहीं चाहते। वर्षों पहले एक राजा हो या प्रधानमंत्री उनके आगे नेता भी मुँह नहीं खोल सकते थे। आज तो देशहित सोचने वाले प्रधानमंत्री नरेंद्र मोदी को गालियाँ देने वाले अनेकों नेता हैं। उन नेताओं के साथ वे लोग भी शामिल हो जाते हैं, जिनके वर्चस्व की सोच हमारे प्रधानमंत्री को है। प्रधानमंत्री को गालियाँ देने वाले, नीचा दिखाने की कोशिश करने वाले, नेताओं द्वारा देश का ख़ज़ाना लूटने के लिए गठबंधन बनाने की कोशिश भी इसलिए होती हैं क्योंकि उनके घर की तिजोरियाँ नोटबंदी के

कारण ख़ाली हो चुकी है। विदेश में ऐसे देशद्रोही नेता जाना ही नहीं चाहते। क्योंकि ये नेता हम हिन्दुओं की कमज़ोरियों को जान चुके हैं। उन्हें पता है कि चंद सुविधाओं की घोषणा सुनते ही हम हिन्दू उन नेताओं का साथ देने के लिए निकल पड़ेंगे। यदि देश और आने वाली पीढ़ियों का भविष्य सुरक्षित रखना है तो हमें अपनी सोच को बदलना होगा। मुफ्त में सुविधाएँ पाने की लालसा का त्याग करना होगा। यहॉं तक कि प्रधानमंत्री को गालियाँ देने वाले नेताओं का बहिष्कार करने से पीछे नहीं हटें। जरा सोचिए कि जिस शांति से हम हिन्दू रहना चाहते थे, वह हमें किस प्रधानमंत्री के होते मिली। आतंकवादियों, उग्रवादियों को रोकने की क्षमता किस नेता में दिखाई दी। इसका श्रेय हमारे प्रिय प्रधानमंत्री नरेंद्र मोदी को जाता है। जिनके अदम्य साहस, कार्यशैली से हम हिन्दुओं को सुरक्षित रहने का सौभाग्य प्राप्त हो रहा है। आज हम हिन्दुओं के पास सभी सुख सुविधाएँ उपलब्ध हैं। विदेशी नेता भी हमारे प्रधानमंत्री नरेंद्र मोदी के आगे नतमस्तक हैं तो क्या हम अपने प्रिय प्रधानमंत्री नरेंद्र मोदी के कुशल नेतृत्व की प्रशंसा उन लोगों तक नहीं पहुँचा सकते, जो आज भी चंद सुविधाओं को पाकर अपना भविष्य अंधकारमय बना रहे हैं। हमें विशाल भारत का सपना साकार करना है तो जनसंख्या को बढ़ावा देते हुए संगठित भी होना होगा। जय हिन्द!

केवल कृष्ण वर्मा “कौस्तव टाइम्स “विकास न्यूज़

www.ingramcontent.com/pod-product-compliance
Lightning Source LLC
LaVergne TN
LVHW041605070526
838199LV00052B/3004